AF358304

LA JEUNESSE

DE

L'IMPÉRATRICE JOSÉPHINE

OUVRAGES DU MÊME AUTEUR

EN PRÉPARATION :

Saint-Quentin. — Imp. J. Moureau et Fils.

LES FEMMES DES TUILERIES

LA JEUNESSE

DE

L'IMPÉRATRICE JOSÉPHINE

PAR

IMBERT DE SAINT-AMAND

PARIS

E. DENTU, ÉDITEUR

LIBRAIRE DE LA SOCIÉTÉ DES GENS DE LETTRES

PALAIS-ROYAL, 15-17-19, GALERIE D'ORLÉANS

—

1883

AVERTISSEMENT DE L'AUTEUR

Au moment de commencer la publication de la seconde série des *Femmes des Tuileries*, je demande au lecteur la permission de lui faire jeter un coup d'œil sur la route que j'ai déjà parcourue, et sur celle qui me reste à parcourir encore. Je m'étais proposé de raconter l'histoire des deux palais les plus célèbres de France, et peut-être du monde entier, Versailles et les Tuileries, en retraçant la vie des principales héroïnes qui en ont été les habitantes. La première partie de ma tâche est entièrement terminée. En essayant de repeupler les salles désertes, de faire défiler le cortège des mortes, de résumer les leçons de morale et de psychologie, que nous donnent les *Femmes de Versailles*, j'ai, dans cinq volumes, la *Cour de Louis XIV*, la *Cour de Louis XV*, les *Dernières années de Louis XV*, les *Beaux Jours de*

Marie-Antoinette, la *Fin de l'Ancien Régime*, montré l'apogée, le déclin et la chute de la monarchie absolue, depuis le jour où Louis XIV fit de Versailles sa résidence officielle, jusqu'à celui où son faible et infortuné successeur, devenu le prisonnier et l'otage de la populace, dut quitter le château pour n'y plus revenir.

L'épilogue du volume qui a pour titre la *Fin de l'Ancien Régime* rappelle brièvement les péripéties par lesquelles a passé le palais du roi-soleil depuis 1789 jusqu'à nos jours : il est abandonné, désert, le lendemain des journées d'Octobre ; en 1800, il devient une succursale de l'hôtel des Invalides, et les vieux soldats mutilés couchent dans les chambres des rois ; Louis-Philippe le transforme en musée national, en temple de toutes les gloires françaises ; Napoléon III le ranime par quelques fêtes resplendissantes ; puis l'empereur Guillaume rétablit dans la radieuse galerie des glaces cet empire d'Allemagne que les efforts de la royauté, de la république et de Napoléon avaient mis plusieurs siècles à détruire ; la même galerie est ensuite une ambulance pour les blessés prussiens, un dortoir pour les membres de l'Assemblée nationale ; puis, au temps de la Commune, les appartements des rois deviennent des bureaux de ministères. Ma table de travail était alors placée dans la salle du grand couvert, en face du tableau qui représente le doge Impériale s'humiliant devant Louis XIV. C'est là que j'ai conçu l'idée de raconter l'histoire du palais dont j'étais devenu l'hôte d'une manière si bizarre et si imprévue, en demandant aux Femmes de Versailles de me servir d'Arianes dans ce merveilleux labyrinthe.

Après le drame de Versailles, le drame des Tuileries commence. Avant de raconter en détail l'histoire des femmes qui furent les héroïnes du château dont les ruines vont bientôt disparaître, j'ai représenté dans un volume, qui est la préface des autres, le palais sous les divers régimes, depuis Catherine de Médicis jusqu'à la Commune, en rappelant les principales scènes : le 20 Juin, le 10 Août, le 13 Vendémiaire, le 18 Fructidor, le 18 Brumaire, les journées de Juillet, le 24 Février, le 4 Septembre. J'ai voulu ainsi, avant le drame, faire connaître le théâtre et les femmes qui jouent les premiers rôles : la reine Marie-Antoinette, l'impératrice Joséphine, l'impératrice Marie-Louise, la duchesse d'Angoulême, la duchesse de Berry, la reine Marie-Amélie, la duchesse d'Orléans, l'impératrice Eugénie. Que d'événements tragiques se déroulent dans ce légendaire palais dont l'histoire commence;

étrange pressentiment, par les terreurs supersti-
tieuses de la mère des derniers Valois, et se termine dans les flammes du plus horrible des
incendies.

Lorsque, jeune homme obscur, j'assistais aux
fêtes des Tuileries, lorsque je gravissais les degrés
du grand escalier sur les marches duquel se te-
naient les cent-gardes immobiles, pareils à des
statues, quand j'admirais la salle des maréchaux
avec ses lustres, ses girandoles, ses portraits
historiques, son fastueux appareil, quand je par-
courais le salon du premier consul, le salon
d'Apollon, la salle du trône, le salon Louis XIV,
la galerie de Diane, aurais-je pu me douter que
je reverrais toutes ces splendeurs en ruines, que
les ruines elles-mêmes disparaîtraient, et que je
raconterais l'histoire de ce palais évanoui ? L'esprit
le plus pessimiste, le plus sombre prophète de
malheur, aurait-il jamais pu, sans être taxé de
folie, prédire la moitié de pareilles catastrophes ?
Plus d'une fois, je me le rappelle, au milieu de
ces fêtes, en regardant les toilettes éblouissantes,
les uniformes étincelants, les broderies, les
plaques, les grands cordons, les diamants, les
fleurs, j'évoquais, au bruit des orchestres, les
souvenirs du passé, quelque scène révolutionnaire : le 20 Juin, le 10 Août, l'envahissement

des Tuileries en 1830 et en 1848, le départ de Marie-Louise et du roi de Rome, de Louis-Philippe et de sa famille. Je me disais dans le salon d'Apollon : ici Louis XVI a été coiffé du bonnet rouge ; dans le salon Louis XIV : ici Marie-Antoinette a entendu les cris de fureur de la populace. Aurais-je jamais pu croire que, pour ce palais des Tuileries, l'avenir serait plus terrible encore que le passé ? Aurais-je pu deviner les fêtes de la Commune et l'incendie de 1871 ? Aurais-je pu me figurer des désastres qui ont je ne sais quel caractère fantastique et incommensurable ? Ce château grandiose qui avait tant frappé mon imagination dans ma jeunesse, l'a plus encore frappée dans mon âge mûr. En contemplant ses pathétiques débris, il me semblait que je méditais devant le cadavre, devant le squelette d'une beauté que j'avais vue radieuse, éblouissante et superbe. Je me suis rappelé, devant les ruines éclairées par la pâle clarté de la lune, la scène des fossoyeurs d'*Hamlet*, et il m'a semblé entendre dans la nuit une voix mystérieuse, une voix d'outre-tombe, la voix d'un Bossuet, qui ferait l'oraison funèbre des royautés et des empires.

Marie-Antoinette est à la fois une femme de Versailles et une femme des Tuileries. Son souvenir s'attache également à la galerie des Glaces, où se reflétait son gracieux visage ; à la chambre où elle mit au monde ses quatre enfants, au balcon du haut duquel elle apparut si majestueuse devant la foule, dans la matinée du 6 octobre 1789, et aux Tuileries qui furent pour elle le vestibule de la guillotine. Dans deux volumes intitulés, l'un *Marie-Antoinette aux Tuileries, 1789-1791*, l'autre *Marie-Antoinette et l'Agonie de la Royauté, 1792*, j'ai groupé autour de la grande figure de la reine les principaux personnages de la période qui commence aux journées d'Octobre, et finit à la proclamation de la république : Mirabeau, La Fayette, le duc d'Orléans, Pétion, Barnave, Dumouriez, Madame Roland, Madame Élisabeth, la princesse de Lamballe, et j'ai montré la noble victime se débattant avec l'énergie du désespoir contre l'inexorable fatalité qui, par une terrible gradation d'épouvante, par une série de catastrophes dont un Dante ou un Shakespeare pourraient seuls retracer les horreurs, doit la conduire de Versailles aux Tuileries, des Tuileries au Temple, du Temple à la Conciergerie, de la Conciergerie à l'échafaud.

Après avoir décrit l'agonie de la royauté, j'a raconté l'agonie de la reine, dans un livre intitulé la *Dernière Année de Marie-Antoinette*, et qui pourrait s'appeler le journal d'une captive. J'ai tâché de représenter le donjon du Temple, dont il ne reste plus une pierre. J'ai médité dans le petit cachot de la Conciergerie, ce réduit obscur, cette pièce humide, glaciale, ce caveau, ce cabanon, qui fut le dernier séjour de la femme enchanteresse dont le charme idéal avait illuminé Versailles et Trianon.

Ironie de la destinée, l'ancien palais de Saint-Louis est changé en prison. C'est la Conciergerie. Les souterrains en servirent jadis de fondation à la grande tour quadrangulaire de qui relevaient tous les fiefs du royaume. Qui eût dit aux monarques des temps de la féodalité que dans ces souterrains serait le cachot de la femme de leur successeur? Le nom de cette prison, la Conciergerie, qui retentit tout à coup au milieu de nos discordes, rappelle brusquement les souffrances, les déceptions, les angoisses, les humiliations, les tortures de tous les partis et de tous les régimes, monarchiques et républicains. A côté du cachot de Marie-Antoinette est celui de Robespierre ; à côté du cachot de Robespierre, celui des Girondins. « Voilà les chambres où les pauvres femmes condamnées à mort attendaient, à la lueur d'une veilleuse, et sous la garde d'un gendarme, l'arrivée des charrettes. Que de confidences entrecoupées de hoquets, de sanglots étouffés, il a reçues, ce gendarme ! Les comprenait-il ? Pleurait-il avec celle qui allait mourir ? Voilà la pierre où la femme d'Hébert et la femme de Camille Desmoulins mêlaient leurs gémissements. Cette terre est tout imprégnée de sang et des sueurs de l'agonie ; ces pierres humides suintent les larmes qu'elles ont bues comme des éponges. » (M. Dauban, *les Prisons de Paris sous la Révolution.*) Chose étrange, la Conciergerie a été, depuis 1793 jusqu'à nos jours, comme une succursale des Tuileries et du Palais-Royal. La branche aînée des Bourbons y a été représentée par Marie-Antoinette et par Madame Élisabeth, la branche cadette par le duc d'Orléans (Philippe-Égalité), l'empire par Napoléon III, le prince Pierre Bonaparte et le prince Napoléon. La république y a eu aussi comme prisonniers ses types les plus fameux : les Girondins, Madame Roland, Robespierre. Royauté, république, empire ont fourni leurs noms les plus connus pour figurer sur le registre d'écrou. C'est là que les Girondins ont célébré leur dernier banquet. C'est là que le duc d'Orléans s'est confessé à l'abbé Lothringer, là qu'il s'est écrié : « J'ai mérité le supplice pour l'expiation de mes péchés ; j'ai contribué à la mort d'un innocent ; mais il était trop bon pour ne pas me pardonner.

Dieu nous joindra tous deux avec saint Louis. »
C'est là que Madame Roland, par ses grâces et
par son éloquence, faisait l'admiration de ses
compagnons de captivité, puis, rentrée en elle-
même, restait trois heures de suite, appuyée sur
sa fenêtre, à pleurer. C'est là que Robespierre, la
face livide, la mâchoire fracassée, passa la nuit
du 9 au 10 Thermidor, et s'apprêta, en vertu de
la peine du talion, à gravir à son tour les marches de l'échafaud dont il avait été le pourvoyeur.

Joséphine de Beauharnais, qui n'échappa elle-
même à la guillotine que par la mort de Robespierre, sert de transition entre la France royaliste
et la France de l'empire. La société du Directoire
et celle du Consulat se personnifient dans cette
femme gracieuse et sympathique, qui fait comprendre, mieux que toute autre, par les péripéties
de son étrange carrière, le passage de l'ancien
régime au nouveau. La destinée des héroïnes de
notre histoire a quelque chose de symbolique.
De même que le règne Louis XIV s'incarne
dans trois femmes, Mademoiselle de Lavallière,
Madame de Montespan, Madame de Maintenon,
que les trois étapes de la carrière de Louis XV se
résument, comme par une sorte de dérogation de
l'adultère, dans trois autres femmes : la grande
dame, Madame de Châteauroux ; la bourgeoise,

Madame de Pompadour ; la femme du peuple, Madame Dubarry, et que les angoisses de la royauté mourante sont représentées par la figure légendaire de la reine martyre, de même le Directoire, le Consulat, le commencement de l'Empire s'identifient, pour ainsi dire, avec la citoyenne Bonaparte, avec la femme du premier consul, avec l'impératrice Joséphine, et de même aussi les splendeurs de l'épopée impériale à son apogée, ainsi que les catastrophes de son déclin et de sa chute, se résument dans les beaux jours et dans les jours de décadence de l'impératrice Marie-Louise.

Les femmes ont joué dans la vie de Napoléon un rôle beaucoup plus considérable qu'on ne le croit généralement. Une seule lui a été utile. Les autres lui ont été funestes. Il dut à Joséphine la protection de Barras, le commandement en chef de l'armée d'Italie, les sympathies de l'ancienne société française. Sans Joséphine, il n'aurait sans doute pas atteint le rang suprême. Elle lui portait bonheur. Du moment où il songea au divorce, son étoile, très éblouissante encore, commença cependant à pâlir. Le guet-apens de Bayonne, la guerre d'Espagne, la querelle avec le pape datent de l'époque où Napoléon a déjà, dans sa pensée, condamné la compagne de ses meilleurs jours.

Autant sa première femme lui avait porté bonheur, autant sa seconde femme lui porta malheur. Depuis son mariage avec Marie-Louise, aucune de ses entreprises ne réussit. Il échoua partout et toujours. La campagne de Russie aboutit à la fatale retraite, la campagne de 1813 à Leipzig, la guerre d'Espagne à la restauration de Ferdinand VII, la querelle avec le pape au retour triomphal du souverain pontife à Rome, la campagne de 1814 à l'invasion, le retour de l'île d'Elbe à Waterloo. Le seul résultat du second mariage de l'empereur fut de lui inspirer les illusions qui le perdirent, et Marie-Louise l'abandonna dès qu'il fut malheureux. Quatre autres femmes ont exercé sur sa carrière une influence mauvaise. La reine Louise de Prusse lui aliéna la monarchie du Grand Frédéric, dont il aurait pu être utilement l'allié et le protecteur. L'impératrice Louise d'Autriche contribua, plus que personne, à lui enlever l'amitié de l'empereur François. Deux femmes dont il avait repoussé les avances, madame de Staël et madame de Krudener, s'en vengèrent, l'une, en organisant contre lui la conspiration du libéralisme, l'autre, en décidant l'empereur Alexandre, dont elle était la conseillère et l'Égérie, à détrôner la dynastie des Bonaparte, et à faire proclamer les Bourbons.

Sans madame de Krudener, il est probable que Napoléon II aurait été empereur, et que Louis XVIII n'aurait pas été roi. A quoi tiennent donc les destinées des peuples et des empires ? Cette hallucinée qui se jetait à genoux, en public, devant le chanteur Garat, cette espèce de sorcière mystique a peut-être statué sur le sort de la grande nation. Ce n'est pas seulement devant les tribunaux, c'est devant l'histoire qu'il faut se dire sans cesse : Où est la femme ?

Le présent volume, où nous représentons l'impératrice Joséphine au temps de sa jeunesse, c'est-à-dire quand elle était mademoiselle Tascher de La Pagerie, et quand elle fut la femme, puis la veuve du vicomte Alexandre de Beauharnais, est comme l'introduction de nos études sur la société du Directoire, du Consulat et de l'Empire. Nous publierons très prochainement quatre autres volumes qui ont pour titres : *La Citoyenne Bonaparte*, *la Femme du premier Consul*, *la Cour de l'Impératrice Joséphine*, *les Dernières années de l'Impératrice Joséphine*. Nous aurons ainsi retracé les diverses périodes, si curieuses et si disparates, d'une existence féminine qui semble résumer les péripéties de la France royale, de la France républicaine, de la France consulaire, de la France impériale.

Notre intention est de consacrer ensuite à l'impératrice Marie-Louise trois volumes, dont un seul est maintenant terminé, et qui auraient pour titre : *les Beaux Jours de l'Impératrice Marie-Louise, Marie-Louise et la Fin de l'Empire, Marie-Louise et le Duc de Reichstadt*. Les deux femmes de Napoléon ne se ressemblent pas. L'une, qui avait été d'abord une simple particulière, représentait un empire gardant encore quelque chose des allures démocratiques de la République et du Consulat. L'autre, née sur les marches d'un trône, représente un empire qui s'écarte chaque jour davantage de ses origines, pour prendre un caractère aristocratique et presque féodal. C'est la compagne majestueuse d'un homme en qui le général républicain a disparu, pour faire place à une sorte de Charlemagne. Elle personnifie les idées de droit divin, de Saint-Empire. Souvent on ne l'appelle plus l'impératrice des Français : on l'appelle l'impératrice de France. La quatrième dynastie n'a plus qu'un objectif : ressembler aux trois dynasties précédentes. La Cour des Tuileries a le même langage, la même étiquette, les mêmes préjugés que la Cour de Versailles. Napoléon, entouré d'émigrés, et préférant un ancien ministre de Louis XVI, le comte de Narbonne, à tous ses autres aides-de-camp, songe surtout, dans ses rapports avec la jeune impératrice, à n'avoir rien d'un parvenu. Il voudrait que sa dynastie eût l'air d'être vieille de plusieurs siècles. On croirait que, comme Louis XIV, il est souverain depuis son berceau. Il se considère comme le premier des monarques de l'Europe, et tous les princes allemands lui obéissent comme à leur suzerain. Il règne en Charlemagne, plus encore qu'en César. Marie-Louise, la fille des Habsbourg, avec sa physionomie froide, cérémonieuse et solennelle, est bien la souveraine qui convient à cet empire. C'est l'impératrice que Napoléon aurait rêvée. Alors même qu'il sera abandonné par elle, il se montrera fier de l'avoir épousée, et, sur le rocher de Sainte-Hélène, il ne lui adressera aucun reproche. Et, cependant, elle lui aura été fatale. Ce qui devait être le salut, aura été la ruine. Ce mariage, tant désiré, tant célébré, tant glorifié, n'aura été qu'un abîme recouvert de fleurs. Marie-Louise donnera pour successeur au grand Napoléon le comte de Neipperg ; le roi de Rome, prisonnier de l'Autriche, aura le sort d'Astyanax, prisonnier des Grecs, « le sort, disait Napoléon lui-même, qui m'a toujours paru le plus malheureux de l'histoire, » et Marie-Louise oublieuse, Marie-Louise infidèle ne ressemblera point à Andromaque.

Dans la France impériale, comme dans la France royale, nous retrouvons une succession d'éblouissements et de catastrophes. Les beaux jours de Marie-Louise sont plus splendides encore que ceux de Marie-Antoinette. L'agonie de l'empire n'est guère moins terrible que l'agonie de la royauté. La destinée du jeune roi de Rome, sans être aussi horrible que celle de Louis XVII, est recouverte d'un voile de tristesse et de mélancolie suprêmes. On dirait que ces deux innocents paient de leurs souffrances et de leur mort prématurée les erreurs et les fautes de leur race.

Nous voudrions pouvoir achever notre œuvre, en racontant l'histoire des femmes qui furent les héroïnes des Tuileries sous la Restauration, la monarchie de Juillet et le second empire, et en groupant autour de la duchesse d'Angoulème, de la duchesse de Berry, de la reine Marie-Amélie, de la duchesse d'Orléans, de l'impératrice Eugénie, la société française depuis 1814 jusqu'en 1870. Mais plusieurs années sont nécessaires pour finir un si long travail. Nous essaierons, du moins, de l'entreprendre.

Une étude sur les femmes des Tuileries était peut-être opportune à un moment où de ce château si célèbre il ne va plus rester qu'un souvenir. A l'heure où j'écris ces lignes, on démolit les ruines. Bientôt on pourra dire : *Etiam periere ruinæ*. Sur les murs du palais on a collé cette affiche : « Vente aux enchères publiques, le lundi 4 décembre 1882, à une heure, en la salle ordinaire des criées, à l'annexe de la Préfecture de la Seine, établie au tribunal de commerce, boulevard du Palais, de matériaux à provenir de la démolition des ruines des Tuileries. Mise à prix : dix mille francs. » Je ne connais dans l'histoire rien de plus mélancolique et de plus lugubre que cette vente à la criée, que cette somme dérisoire : dix mille francs, rien, si ce n'est cette mention que le fossoyeur du cimetière de la Madeleine écrivait sur son livre de comptes, après le supplice de Marie-Antoinette : « Le 25 Vendémiaire. La veuve Capet, pour la bière six livres ; pour la fosse et les fossoyeurs vingt-cinq livres. » Quelle oraison funèbre serait plus saisissante que ces chiffres ?

Ce n'est pas, je l'avoue, sans un serrement de cœur que j'assiste à la destruction du chef-d'œuvre de Jean Goujon et de Philibert Delorme. C'est un deuil pour l'art. C'est un deuil pour l'histoire, aussi bien pour l'histoire de la royauté et de l'empire que pour celle de la république, car si les Tuileries ont été le palais des souverains, elles ont été aussi celui de la Convention. Monarchiques et républicaines, nos annales y étaient écrites dans un langage de pierre qu'on aurait cru indestructible. Il a suffi d'une poignée d'incendiaires pour en finir avec tout cela. Les conservateurs, revenus au pouvoir, n'ont pas même eu l'intelligence de réparer les ruines, ce qui alors était facile, et ils ont, par une incurie étrange, laissé les intempéries de l'air achever l'œuvre de l'incendie et rendre les réparations impossibles. Et comme si les ravages du temps n'étaient point assez rapides encore, voici que les ouvriers s'acharnent contre le squelette du palais. Devant le pavillon de l'Horloge, cet incomparable joyau de l'architecture du xviᵉ siècle, on a mis des planches qui cachent, comme un rideau, l'œuvre de destruction. Si, de l'autre côté du palais, on regarde par la grille du Carrousel, quel triste spectacle : la cour des Tuileries transformée en chantier de démolition, l'herbe poussant à travers les pavés, les pierres, les serrures, les ferrailles, les marbres amoncelés à terre, les tombereaux numérotés, les pioches, les charrettes! Et que de réflexions s'imposent à l'esprit, si l'on se hasarde au milieu même de ce qui reste des ruines, si, au risque d'être atteint par quelque pierre qui tombe des étages supérieurs, on monte par l'escalier monumental, encore debout, qui conduisait à ce qui fut la salle des maréchaux, si l'on pénètre dans cette salle où l'on distingue encore, sous les lambris dédorés, l'inscription : *Honneur et Patrie*, et si l'on aperçoit, sur le balcon, encore intact, où les souverains se montraient au peuple, dans les jours de fêtes, la magnifique perspective du jardin, de la place de la Concorde, des Champs-Elysées et de l'Arc-de-Triomphe !

Ils étaient beaux encore ces débris historiques, pleins de poésie et de souvenirs ! En les regardant, je me rappelais les mélancoliques paroles de l'auteur du *Génie du Christianisme :* « Tous les hommes ont un secret attrait pour les ruines. Ce sentiment tient à la fragilité de notre nature, à une conformité secrète entre ces monuments détruits et la rapidité de notre existence... Les ruines jettent une grande moralité au milieu des scènes de la nature. Quand elles sont placées sur un tableau, en vain on cherche à porter les yeux autre part ; ils reviennent toujours s'attacher sur elles. Et pourquoi les ouvrages des hommes ne passeraient-ils pas, quand le soleil qui les éclaire doit lui-même tomber de sa voûte ? Celui qui le plaça dans les cieux est le seul souverain dont l'empire ne connaisse point de ruines. » Tout va donc disparaître, le pavillon de l'Horloge, chef-d'œuvre de l'art français, la salle des maréchaux, symbole de la gloire militaire, la chapelle, sanctuaire élevé sur une partie de l'emplacement de la salle des machines, cette salle où le jeune Louis XIV dansa des ballets, qui servit de local à l'Opéra, au Théâtre-Français, à la Convention, où Molière donna sa *Psyché*, Beaumarchais son *Barbier de Séville*, où Voltaire vivant eut les honneurs de l'apothéose, où, après les conventionnels, siégèrent les membres du Conseil des Anciens. Puisque le sort en est jeté, puisque les Tuileries vont être rasées du sol, que, du moins, leur souvenir subsiste ! Essayons de faire renaître par la pensée le palais et les femmes qui en furent les héroïnes. Que les imaginations, à défaut des ruines, qui ne sont plus, soient désormais hantées par les fantômes de ces femmes illustres, et demandons aux mortes de faire revivre le passé !

Les monuments où, depuis la Révolution, se sont accomplis les événements principaux de notre histoire, ont disparu les uns après les autres. Il aurait été bien curieux, bien émouvant de parcourir la salle du Manège, où retentit la voix des grands orateurs de l'Assemblée constituante, de l'Assemblée législative et de la Convention, de pénétrer dans le donjon du Temple, dans la cellule où Louis XVI médita et pria. De la salle du Manège et du Temple, il ne reste pas une seule pierre. Le petit hôtel de la rue Chantereine, (rue de la Victoire) où furent préparées la première campagne d'Italie, l'expédition d'Egypte et la journée du 18 Brumaire, a été aussi démoli. Le château de Saint-Cloud est devenu la proie des flammes. Les Tuileries vont être détruites à coup de pioches. La foule indifférente ne songe même pas aux vestiges du passé. Qui donc, en parcourant la place qualifiée, comme par antiphrase, du nom de place de la Concorde, sait bien exactement l'endroit où se dressèrent les échafauds du roi et de la reine ? Jusqu'au jour où l'on a mis sur la grille du jardin des Tuileries une plaque commémorative, qui se doutait, en longeant la rue de Rivoli, que c'était là l'emplacement de la salle où Mirabeau avait parlé, où avait eu lieu le procès de Louis XVI ? Qui, dans la rue de la Victoire, peut désigner la place où s'élevait la maison de Joséphine et de Bonaparte ? Les iconoclastes accomplissent toujours d'une manière inconsciente leur œuvre de destruction. Ils ne songent pas plus au passé qu'à l'avenir. Ils détruisent pour détruire, sans se demander s'ils reconstruiront.

Cependant, les monuments sont comme des synthèses historiques, dignes de tous les respects. L'architecture est la sœur de l'histoire. C'est par leurs monuments que les civilisations se jugent. Le Colisée, c'est l'ancienne Rome. Les cathédrales gothiques, c'est la religion du moyen âge. Le palais des doges, c'est Venise triomphante. Le Kremlin, c'est la sainte Russie. Le Vatican, c'est la papauté-reine. Fontainebleau, c'est la Renaissance. Versailles, c'est la monarchie absolue. La colonne Vendôme, l'Arc-de-Triomphe, c'est l'épopée de la guerre. Les hôtels du faubourg Saint-Germain, c'est la puissance de la noblesse. Voulez-vous juger une époque, regardez les monuments qu'elle élève, et les monuments qu'elle détruit. L'ancienne aristocratie française perd son influence politique ; on fait disparaître ses hôtels par la loi d'expropriation, et l'on trace sur leur emplacement des boulevards et des maisons de rapport. La nouvelle aristocratie, l'aristocratie financière, élève à son tour des hôtels ; ils sont le reflet de l'époque, fastueux, mais attestant un mélange de richesse et de misère, qui à l'amour du luxe joint la passion de l'économie. Les habitations sont superbes, mais les cours étroites, les jardins presque nuls. Rien de cette majesté sobre et tranquille qui caractérisait les vieilles résidences, les hôtels seigneuriaux entre cour et jardin, avec leur façade monumentale, et avec leurs arbres séculaires. Encore quelques années, et ces débris de l'ancien régime auront tous été rasés du sol. Ils n'auraient pu subsister qu'avec des majorats, et de pareilles demeures devaient prochainement disparaître, le Code Napoléon ayant ordonné le morcellement des fortunes et l'égalité des partages. Après nos désastres, le parti de l'Internationale veut effacer le nom de patrie : il abat la colonne Vendôme. La Commune est vaincue par l'armée. Le sentiment militaire, qui est l'âme de la France, a survécu à nos malheurs ; on exalte le courage malheureux, et on relève la colonne. Mais le respect du passé diminue : on néglige les ruines des Tuileries, et on les laisse périr. Le Paris actuel élève un édifice qui, pour ses proportions, l'emporte sur toutes les constructions nouvelles, et qui apparaît presque aussi haut que les tours de Notre-Dame. Est-ce un palais ? Est-ce une caserne ? Est-ce une église ? Non, c'est un théâtre, c'est l'Opéra. Et en cela nous retrouvons le goût de l'époque, qui, préférant le plaisir au devoir, l'agréable à l'utile, se préoccupe plus des comédiens et des chanteurs que des savants et des généraux.

Ne dirait-on pas que les monuments ont une âme, et que chacune de leurs pierres est une pensée de fête ou de deuil, d'orgueil ou d'humiliation. Les grandes figures historiques sont inséparables de leur cadre. Il faut à François Ier Fontainebleau, à Léon X le Vatican, à Philippe II l'Escurial, à Louis XIV Versailles, au Grand Frédéric Sans-Souci. Louis XVII a le Temple, le duc de Reichstadt Schœnbrünn, le prince impérial Chislehurst. Dans les drames de l'histoire, le décor n'est guère moins important que l'acteur. Aussi croyons-nous que le commencement de tout travail sur un personnage fameux doit être l'examen attentif des endroits où s'est accomplie sa carrière. Les choses font comprendre les personnes. Le château de Versailles et le palais des Tuileries sont la base même de nos études. Mais nous nous sommes aussi occupé des autres monuments qui se rattachent à la vie de nos héroïnes. Nous avons décrit le Petit-Trianon, le Temple, la Conciergerie, la Malmaison, Saint-Cloud, Compiègne, Fontainebleau. Bien connaître le Petit-Trianon, c'est comprendre les beaux jours de Marie-Antoinette. Pénétrer dans la Conciergerie, c'est sonder l'abîme de ses douleurs. La Malmaison est le cadre où rayonne la gracieuse figure de Joséphine. Le château de Compiègne est embelli par les prospérités de Marie-Louise. Fontainebleau rappelle à la fois les plus grandes splendeurs du géant des batailles et son abdication.

L'histoire de France au XIXᵉ siècle ressemble à un drame légendaire, composé d'un grand nombre de tableaux qui se succèdent avec une effrayante rapidité, les uns resplendissants, les autres lugubres. Les rois et les empereurs, les reines et les impératrices jouent les principaux rôles. Les princes, les princesses, les généraux, les ministres, les tribuns, les geôliers, les bourreaux sont chargés par la Providence des autres rôles, et c'est elle qui, comme un invisible machiniste, donne le coup de sifflet qui change à chaque instant la scène. Les comparses, ce sont les courtisans, ce sont les émeutiers, c'est l'armée, c'est le peuple.

> Ah! le peuple, océan, onde sans cesse émue,
> Où l'on ne jette rien sans que tout ne remue.
> Vague qui broie un trône et qui berce un tombeau,
> Miroir où rarement un roi se voit en beau.
> Ah! si l'on regardait parfois dans ce flot sombre,
> On y verrait au fond des empires sans nombre,
> Grands vaisseaux naufragés, que son flux et reflux
> Roule, et qui le gênaient, et qu'il ne connaît plus !

L'histoire, comme une magicienne, l'histoire, qui est la résurrection des morts, évoque toutes les scènes si diverses et si pathétiques dont se compose ce drame attachant et terrible. C'est une succession continuelle d'apothéoses et de gémonies, de Capitoles et de roches Tarpéiennes, de *Te Deum* et de *Dies iræ*. En prêtant une oreille

attentive aux échos lointains du passé, il semble
qu'on entende les générations disparues qui gé-
missent et qui pleurent. Le sentiment qui s'empare de nous, c'est une compassion générale pour
tant de souffrances, pour tant de misères, pour
tant de larmes. Nous voyons des enfants orphelins,
des veuves en deuil, des proscrits, des suppliciés.
Nous apercevons ici des palais, là des prisons, là
l'échafaud. En France, depuis 1789, quel est le
souverain ou la souveraine, quel est le prince ou
la princesse qui ait pu goûter en paix les joies de
la famille et de la patrie ? Jamais le repos, jamais
la sécurité, toujours les agitations et les inquiétudes, toujours les conspirations et les attentats,
toujours les révolutions et l'exil. Il semble que le
château des Tuileries, ce séjour morose et terrible, ait été, non pas la sainte caserne, comme
l'appelait la reine Marie-Amélie, mais l'hôtellerie
fatale qui porte malheur à ses hôtes de passage,
et où la destinée leur jette un mauvais sort.
Comme l'a remarqué M. Cuvillier Fleury, dans
une page éloquente, « il n'y a pas de place pour
des chants de triomphe sur la terre de France,
quand on parle des dynasties qui ont tour à tour
régné sur elle, et le malheur présent des unes ne
console pas les autres des afflictions dont la fortune aveugle les a frappées autrefois. Le poète a

beau dire, les grands débris ne se consolent pas entre eux. »

Les chefs des maisons rivales sont unis par les liens du sang, et leurs compétitions sont des querelles de famille. Chose curieuse, il existe une proche parenté, — parenté au sixième degré — entre le duc de Reichstadt, chef de la dynastie impériale, le comte de Chambord, chef de la branche aînée des Bourbons, et le comte de Paris, chef de la branche cadette. Les trois cousins issus de germains descendent en ligne directe de la grande impératrice Marie-Thérèse et de la reine de Naples Marie-Caroline. La reine Marie-Amélie, femme du roi Louis-Philippe, était la nièce de Marie-Antoinette, et la tante de la duchesse de Berry, mère du comte de Chambord. Le prince Napoléon, par sa femme, fille d'une archiduchesse d'Autriche, est allié aux maisons de Savoie, de Habsbourg et de Bourbon. Le duc d'Aumale est veuf d'une nièce de l'impératrice Marie-Louise, il est donc, par alliance, le neveu de Napoléon Ier. Sa belle-mère, la princesse de Salerne, ne parlait jamais du vainqueur d'Austerlitz qu'en le qualifiant du nom de beau-frère.

Les dynasties déchues, au lieu de s'accuser mutuellement, devraient se plaindre. Toutes ont des reproches à se faire. Toutes ont commis des fautes, et peut-être plus que des fautes. Toutes ont été le jouet des courtisans et des flatteurs. Toutes ont appris à leurs dépens combien il est difficile dans l'atmosphère des palais de respirer librement et de penser avec sagesse. S'ils viennent à se rencontrer, les membres des familles princières, tour à tour puissantes et proscrites, peuvent se raconter les catastrophes de leurs races, les amertumes de leurs exils. En fait de cataclysmes, l'empire n'a rien à envier à la royauté. Napoléon, à Fontainebleau, voulant chercher dans le suicide un refuge à son désespoir, est plus triste encore que Louis XVI se préparant à une sainte mort dans le donjon du Temple. Le vainqueur de tant de batailles, obligé, lors de son voyage vers l'ile d'Elbe, d'endosser l'uniforme étranger, pour n'être pas massacré par des mains françaises, n'est pas moins humilié que le descendant de tant de rois couvert du bonnet rouge. Le rocher de Sainte-Hélène est presque aussi funeste que l'échafaud de la place Louis XV. La reine Marie-Antoinette, l'impératrice Marie-Louise, la reine Marie-Amélie et l'impératrice Eugénie ont quitté les Tuileries dans des conditions également néfastes, et la fin du prince impérial a été tragique, autant que celle de Louis XVII.

Les fautes, les erreurs et les crimes sont expiés, même en ce monde, sinon dans la personne de leurs auteurs, du moins dans leur postérité. Le paganisme lui-même avait deviné cette loi générale, ce principe essentiel qui domine toutes les vicissitudes humaines. Un de ses plus grands poètes a dit : Innocent, tu expieras les fautes de tes ancêtres :

Delicta majorum immeritus lues.

Oui, l'innocent paie pour le coupable. L'humble et chaste Louis XVI paie pour l'orgueilleux Louis XIV et pour le voluptueux Louis XV. Les deux Napoléons ont trop aimé la guerre : leurs fils qui ne songeaient qu'à la gloire des armes, sont tous deux moissonnés à la fleur de l'âge, l'un mourant de consomption, avant d'avoir paru sur aucun champ de bataille, l'autre frappé à mort, le jour de sa première escarmouche, par la lance de sauvages inconnus. Chaque régime est puni de ses fautes par des catastrophes dont les conséquences pèsent de tout leur poids sur des innocents, victimes expiatoires, qui, par leur destinée plaintive, attendrissent jusqu'à leurs ennemis. Les excès de la guerre amènent de cruels châtiments. La grande parole de l'Évangile se réalise : Qui se sert de l'épée, périra par l'épée. La peine du talion se retrouve partout et toujours. La vio-

lence se retourne contre les violents. On abuse des
batailles, on aboutit à l'invasion. Proscripteur aujourd'hui, on est proscrit demain. On commence
par un coup d'État, et l'on finit par une émeute.
Monarchique ou républicain, est-il un seul régime qui n'ait été lui-même l'artisan de ses
malheurs? Aucune faute politique ne demeure
impunie. L'histoire est la justification de la Providence.

Ce que les esprits observateurs remarquent
dans nos annales modernes, c'est le peu de profit
que les divers régimes qui se succèdent font des
enseignements historiques. Il semble qu'il soit dit
que l'expérience d'autrui ne servira jamais à personne. Ce sont toujours les gouvernants qui,
atteints de la même cécité, tombent dans des
pièges que tout le monde voyait autour d'eux,
qu'ils étaient seuls à ne point voir, et que la plupart du temps ils s'étaient dressés à eux-mêmes,
car presque tous les chefs d'Etat, créant, comme
à plaisir, les difficultés et les crises, sont des conspirateurs conspirant contre leur pouvoir.

Il est d'autant plus surprenant de voir les leçons de l'histoire demeurer si stériles que, depuis
la fin de l'empire, on ne rencontre que des imitations, et que, sous chaque régime, les analogies
entre les situations du jour et les événements

d'autrefois sembleraient faites pour inspirer aux gouvernants les réflexions les plus utiles. Les divers régimes sont comme des plagiaies qui reproduisent plus ou moins bien les régimes précédents, et, par une sorte de fatalité, qui fait tourner les peuples dans un cercle vicieux, les gouvernements imitateurs retombent toujours dans les fautes des gouvernements imités. La Restauration a été une réminiscence de l'ancienne monarchie. La royauté de Juillet a vécu des souvenirs de la Révolution et de l'Empire. La seconde République a voulu copier la première. Napoléon III s'est ingénié à prendre Napoléon Ier pour modèle. Encore, si ces imitations successives se bornaient à imiter le bien, sans imiter le mal, si la contemplation d'un régime historique préféré avait du moins cet avantage d'apprendre à en éviter les malheurs; mais non, les leçons du 10 août n'empêcheront pas plus les journées de juillet que celle du 24 février; l'exil de Charles X n'empêchera pas l'exil de Louis-Philippe, qui n'aura pas même profité de l'exemple de son propre père; la seconde République ne saura pas mieux se prémunir contre le 2 Décembre que la première République contre le 18 Brumaire; l'enseignement de la guerre d'Espagne ne sera pas plus un obstacle à l'expédition du Mexique,

que celui des invasions de 1814 et de 1815 à l'invasion de 1870. On dirait que chaque gouvernement s'applique à faire des copies de catastrophes. Partout et toujours mêmes erreurs, mêmes préjugés, même aveuglement, même infatuation, et aussi mêmes cataclysmes. Ah! c'est surtout en politique qu'on doit dire qu'il n'y a rien de nouveau sous le soleil.

Une autre considération non moins triste se dégage de notre histoire moderne, c'est la disproportion immense entre les efforts et les résultats. Edgar Quinet, le grand écrivain démocrate, a fait, avant M. Taine, le bilan des déceptions et des désenchantements de la Révolution française. « Une chose, a-t-il dit, réconcilie dans d'autres histoires avec les fureurs des hommes. Le sang versé y est presque aussitôt fécond. Quand je vois couler celui des martyrs, je vois en même temps le christianisme grandir sous la terre au fond des catacombes. De même dans la réforme, dans la révolution anglaise, le sang de Zwingle, de Guillaume le Taciturne, de Sidney est tombé sur un sol fertile, et il a enfanté la vie. Le sang a coulé plus abondamment chez nous, et de sources aussi hautes; il n'a pas trouvé une terre aussi bien préparée. On dirait qu'il n'y a aucun rapport entre les sacrifices des victimes et le résultat obtenu par la postérité... L'horreur de tant de supplices est sans compensation. Ou l'avenir tient en réserve des explications que l'historien ne peut fournir aujourd'hui, sans quitter les faits pour les prophéties, ou nous sommes condamnés à reconnaître que le sang le plus généreux a été le plus stérile, et que chez nous nos martyrs n'enfantent pas de croyants. Voilà le cri de l'histoire et de la conscience humaine. »

Ce qu'Edgar Quinet a dit, à propos de la Révolution française, sur la disproportion entre les efforts et les résultats, serait peut-être plus applicable encore à l'Empire qu'à la République. La République au moins avait conservé ses conquêtes. L'Empire a perdu à la fois les conquêtes de la République et les siennes. Hélas ! tant de veilles, tant de bivouacs, tant de marches forcées, tant de privations et de souffrances, tant de dévouement et d'héroïsme, tant de contrées parcourues, tant de nations domptées, tant de miracles accomplis, pour aboutir à quoi ? à l'invasion, à l'occupation étrangère, au démembrement de la patrie, au deuil national ! Avoir dépensé tant de génie pour laisser la France plus petite qu'on ne l'avait prise ! Est-ce donc là le dernier mot de la puissance et de la gloire ? O France infortunée, après des pérégrinations si longues, si laborieuses, après tant de pleurs et tant de sang, revenir, meurtrie et accablée, au point de départ ! S'écrier, après tant de sacrifices : à quoi bon ? Cette guerre véritablement colossale, engagée contre l'Europe entière, cette guerre de vingt-trois ans, dont le dernier coup de canon se tire à Waterloo, quelle est sa conséquence finale : remettre les choses exactement au point où elles étaient à leur début : sous le rapport politique à la monarchie constitutionnelle des Bourbons, sous le rapport territorial aux limites de 1792. Et depuis, quel a été le résultat des joutes de la tribune et des chefs-d'œuvre de l'éloquence ? Le vent a emporté les paroles des plus illustres orateurs de la Restauration et du gouvernement de Juillet. Les annales de la paix ont été presque aussi stériles que les annales de la guerre. Les hommes politiques ont, la plupart du temps, semé sans recueillir, et quand, par hasard, il y avait une moisson, ce n'était pas le moissonneur qui en profitait. On dirait que la Providence, par l'ironie de ses décrets, prend un plaisir terrible à se moquer des rois et des peuples, à susciter les combinaisons les plus bizarres, les révolutions les plus imprévues, à déjouer les calculs de la sagesse humaine, à faire dépendre le sort du monde de l'accident le plus vulgaire et du détail le plus infime, à démontrer le néant de la puissance et l'inanité du génie, à détruire un palais aussi facilement qu'une chaumière, et à dire à toute une nation, comme à un seul homme : *Memento quia pulvis es.*

Les femmes des Tuileries repassent toutes en ce moment devant nous, comme les héroïnes de l'adversité et de la douleur. C'est au milieu de ruines symboliques, à la lueur des éclairs et au bruit du tonnerre, que leurs pâles fantômes nous apparaissent. Devant les derniers débris qui tombent sous la pioche des démolisseurs, n'entendez-vous pas cet écho des oraisons funèbres : « Non, après ce que nous venons de voir, la vie n'est qu'un songe, la gloire n'est qu'une apparence, les grâces et les plaisirs ne sont qu'un dangereux amusement ; tout est vain en nous, excepté le sincère aveu que nous faisons devant Dieu de nos vanités, et le jugement arrêté qui nous fait mépriser tout ce que nous sommes. » Malheur à quiconque, en lisant l'histoire, n'en retire pas ces conclusions philosophiques, ces enseignements chrétiens ! Malheur à celui qui n'y puise pas le respect du droit et de la justice, la sagesse et la force d'âme nécessaires pour mettre au-dessus des succès le devoir, et pour prendre comme règle de conduite la maxime de la probité et de l'honneur : Fais ce que dois, advienne que pourra.

Quiconque, en étudiant l'histoire, conserve l'esprit de parti, prouve qu'il ne sait pas la comprendre. Les souverains ont, de leur vivant, assez de flatteurs, pour ne plus en avoir après leur mort. Les écrivains qui dénaturent les faits, pour décerner à un régime quelconque, royauté, république, ou empire, tel ou tel éloge que ce régime ne mérite pas, ne sont pas des historiens, ce sont des courtisans. L'œuvre que nous avons entreprise ne peut être qu'une œuvre de bonne foi. Un sentiment d'impartialité absolue nous a seul permis de l'aborder sans hésitation, et nous espérons que le lecteur nous trouvera toujours fidèle à notre devise : Vérité, toute la vérité, rien que la vérité.

Paris, 14 février 1883.

IMBERT DE SAINT-AMAND.

LA JEUNESSE

DE

L'IMPÉRATRICE JOSÉPHINE

INTRODUCTION

Avec Marie-Antoinette finit l'ancien régime dont elle est comme le vivant symbole. La femme qui, après elle, monte sur le trône de France, représente la transition entre l'ancien régime et le nouveau. Légitimiste par son cœur, Joséphine est impérialiste par son sort. Sa naissance, ses souvenirs d'enfance et de jeunesse la rattachent à la monarchie des Bourbons. L'amour de Bonaparte en fait l'héroïne d'une nouvelle légende. Tout est bizarre, imprévu dans sa destinée. Sa vie est comme un rêve, et la personne la plus étonnée de sa fortune, ce doit être elle-même.

La carrière de Napoléon et celle de Joséphine ont des origines exotiques. L'un et l'autre venaient de pays peu connus. Il y avait dans leurs commencements quelque chose de mystérieux. Ces deux êtres, nés aux deux extrémités du globe, dans deux iles, semblaient s'être donné, à travers les mers, rendez-vous sur le trône. Toute leur vie, ils croiront entendre, lui, le bruit des flots de la Méditerranée, elle, le bruit de ceux de l'Atlantique. Napoléon a l'énergie, la fougue, la fierté des montagnards de Corse. Joséphine a la grâce, le charme et la poésie des créoles. Napoléon est la force, Joséphine la douceur. Il subjugue, elle attendrit. Il est la gloire, elle est l'attrait. Napoléon a son étoile, et Joséphine son talisman. A lui, une voix secrète a dit : « Tu seras César! » à elle, une négresse de la Martinique a dit : « Tu seras reine ! » Les débuts de leur existence à tous deux ont été traversés par bien des orages; mais au milieu des plus formidables tempêtes, l'un et l'autre ont toujours conservé la foi dans leur avenir. Ils ont été pauvres et persécutés, ils ont eu à lutter contre des obstacles de tout genre; mais des pressentiments, qui ne trompent pas, leur promettaient une surprenante fortune. Dès que Bonaparte aperçut Joséphine, il se dit à lui-même : Voilà la compagne de ma gloire ! Sans doute, il n'entrevoyait pas encore, quelque ardente que fût son ambition, les pompes du couronnement à Notre-Dame ; il ne se doutait pas que, de sa main victorieuse, devant un pape, il poserait sur cette tête charmante le diadème d'impératrice, mais il était sûr qu'il aurait promptement une grande gloire. Il se maria par entraînement et par amour. Il sentait que Joséphine serait son bon génie. Et, en effet, tout le temps qu'elle resta sa compagne, il alla de succès en succès, il réalisa tous ses rêves, et plus que ses rêves. Joséphine lui portait bonheur.

Jamais une seule carrière de femme ne présenta plus de contrastes. Entre la prison et le divorce, l'apothéose du couronnement apparaît d'autant plus radieuse que les ténèbres qui précèdent et qui suivent sont plus sombres. Dans les salons de la noblesse libérale, au début de la Révolution, dans les prisons de la Terreur, au milieu de la société brillante, mais bigarrée du Directoire, dans les magnificences et les gloires épiques de l'empire, Joséphine reste toujours le type de l'élégance, de la grâce et de la bonté. Dans l'hôtel de la rue de l'Université, qu'elle habite avec son premier mari, le vicomte de Beauharnais; dans les fêtes du Luxembourg, où elle brille à côté de Barras et de Mme Tallien; aux Tuileries, où elle fait dire d'elle : « C'est Napoléon qui gagne les batailles et Joséphine qui gagne les cœurs, » où elle est le trait d'union entre le présent et le passé, où elle réconcilie le faubourg Saint-Germain avec le nouveau Charlemagne, elle prête aux transformations si imprévues et si rapides de la société française toute sa distinction personnelle, tout son charme. Il y a dans l'histoire peu de rôles aussi multiples. Lorsque Joséphine est en scène, les successions de décors sont, pour ainsi dire, incessantes. Il y a des changements à vue qui font de nos annales une sorte de féerie. où, à côté de toiles éblouissantes. il en paraît de noires et lugubres.

La plupart des destinées célèbres, si rayonnantes qu'elles soient à la surface, pourraient se résumer par un seul mot : mélancolie. Il semble même que les tristesses soient en raison directe des splendeurs, et qu'il n'y ait point, pour les privilégiés de la fortune, pour les favoris de la puissance et de la gloire, une seule félicité qui ne s'expie ici-bas. Assurément, ce n'est pas l'impératrice Joséphine qui a fait exception à cette règle. Si son élévation fut prodigieuse, ses douleurs ne furent pas moins immenses que ses joies. « Aux légers plaisirs les légères souffrances, a dit la comtesse de La Ferronnays; aux grands bonheurs les maux inouïs! »

Deux catastrophes accablèrent Joséphine, au début et à la fin de sa carrière : la Terreur, l'invasion. Entre ces deux cataclysmes, il y a pour elle une crise terrible : le divorce. Ces trois dates : 1794, 1809, 1814, jettent sur l'ensemble de cette existence, agitée par tant de péripéties, un voile noir. En 1794, la France est plongée dans le sang. Robespierre règne, Joséphine est jetée en prison. Son mari porte la tête sur l'échafaud. Elle-même n'est sauvée du supplice que par le 9 Thermidor. En 1809, elle est répudiée par Napoléon. Son cœur de femme subit une inexprimable torture. Elle quitte pour toujours le palais des Tuileries et l'homme qu'elle adorait presque à l'égal d'un dieu. En 1814, elle souffre, dans son âme de Française, les angoisses, les douleurs, les humiliations les plus cruelles. Le colossal Empire est renversé comme un grand chêne frappé par la foudre. Joséphine vécut trop longtemps : elle aurait mérité de mourir à l'heure où les joies de son patriotisme la consolaient de ses chagrins privés, et où la France était encore la souveraine des nations. Pour nous servir d'expressions de Bossuet, « son cœur, autrefois élevé par une si longue suite de prospérités, fut plongé tout à coup dans un abîme d'amertume, » et l'on vit dans une seule existence « toutes les extrémités des choses humaines. »

Ce sont surtout les destinées fécondes en contrastes qui saisissent les imaginations. Nous autres, gens obscurs, nous retrouvons sur une grande échelle, en étudiant la vie des personnages illustres, les tristesses, les vicissitudes, les misères de notre propre sort. Nous reconnaissons qu'il y a peut-être plus de larmes dans les yeux des souveraines que dans ceux des femmes du peuple, et que sous les lambris dorés des palais, autant que sous le chaume des cabanes, se trouve un fardeau de douleur qui courbe et fait plier les épaules des fiers et des humbles. Ne s'appliquent-elles pas à la destinée de l'impératrice Joséphine, mieux qu'à celle de toute autre femme, ces paroles de l'abbé Perreyve : « Quels frappants contrastes

entre les vies qui commencent et celles qui s'achè-
vent! Quelles aurores à côté de quels déclins!
Mais partout, quelle grande inconstance! et, dominant toute cette confusion, quelle inévitable
certitude que tout passe, tout s'enfuit, tout se
précipite; qu'il y a dans ce monde plus de larmes
que de joies; que la vie est fatigante, qu'on y
perd ce qu'on aime, qu'on y demeure seul après
le ravissement des plus chères compagnies, qu'on
n'obtient pas l'objet de ses plus innocents et de
ses plus justes désirs, et qu'une seule chose reste
au cœur; l'instinct d'un meilleur monde et l'espérance! » C'est à cause de l'analogie qui existe
entre nos chagrins à tous et ceux des personnages
célèbres que nous nous sentons attirés et séduits
par les infortunes mémorables. La postérité s'attendrit surtout devant celles des figures historiques qui ont passé le plus brusquement de la
joie à la douleur, et les malheurs des grands de
la terre font plus pour leur gloire que leur prospérité. Si Joséphine fût morte peu de mois après
le sacre, son nom n'aurait pas la popularité dont
il a été entouré. Le divorce émeut plus que
le couronnement. Sainte-Hélène touche plus
qu'Austerlitz.

Nous avons l'intention d'étudier, plus tard,
Mme Bonaparte, puis l'impératrice Joséphine.
Aujourd'hui, nous nous occuperons de Mlle Tascher de la Pagerie, puis de la vicomtesse de Beauharnais. Nous voudrions faire passer sous les

yeux du lecteur les scènes si curieuses, si variées,
où apparaît la jeune fille des Trois-Ilets à la Martinique, la grande dame de la rue de l'Université
à Paris, la captive de 1794 dans la prison des
Carmes, l'héroïne du Directoire dans les salons de
Barras et de Mme Tallien, la bien-aimée du jeune
général Bonaparte au lendemain du 13 Vendémiaire, dans l'hôtel de la rue Chantereine. En
retraçant la jeunesse de Joséphine, nous essaierons de reproduire les milieux si différents où
elle vécut : la Martinique avec sa poésie créole, la
société aristocratique de Paris, à la fin de l'ancien régime et au début de la Révolution, les
horreurs des prisons sous la Terreur, le réveil du
9 Thermidor, la jeunesse dorée, la renaissance de
la société française au commencement du Directoire. A cette dernière époque, nous grouperons
autour de celle qui s'appelait encore Mme de Beauharnais les trois femmes, qui, en pleine République, partagèrent avec elle la royauté de la
mode : Mme Tallien, Mme de Staël et Mme Récamier. Nous évoquerons non seulement les sou-
venirs d'enfance et de jeunesse de Joséphine, mais
aussi ceux de Napoléon, et nous rappellerons
brièvement les origines de cet homme extraordinaire, qui, séparé de nous par une génération à
peine, se dresse déjà dans le lointain de l'histoire,
comme si les quarante siècles des Pyramides
avaient déjà passé sur son nom. Nous arrêterons
cette étude, que doivent suivre plusieurs autres,

au lendemain même du mariage de Joséphine
avec Bonaparte, à l'heure où le jeune général,
s'arrachant aux premières joies de son union,
partit pour faire la conquête de l'Italie, et remplir l'Europe du bruit de sa renommée.

I

LA MARTINIQUE

Il est deux îles dont un monde
Sépare les deux Océans,
Et qui, de loin dominent l'onde,
Comme des têtes de géants ;
On devine, en voyant leurs cimes,
Que Dieu les tira des abîmes
Pour un formidable dessein.
Leur front, de coups de foudre fume,
Sur leurs flancs nus la mer écume,
Des volcans grondent dans leur sein.

Ces îles, où le flot se broie
Entre des écueils décharnés,
Sont comme des vaisseaux de proie,
D'une ancre éternelle enchaînés.
La main qui, de ces noirs rivages,
Disposa les sites sauvages,
Et d'effroi voulut les couvrir,
Les fit si terribles, peut-être,
Pour que Bonaparte y pût naître
Et Napoléon y mourir [1].

N'est-ce point une chose curieuse à observer
que le rôle joué par les Iles dans l'histoire de Na-

1. Victor Hugo. *Les Deux Iles.*

poléon : Une île est son berceau, une autre son premier exil, une autre son deuxième exil et son tombeau. Joséphine était née comme lui dans une île. La Corse, la Martinique, l'Ile d'Elbe, Sainte-Hélène, des rochers, des montagnes, des vagues et des éclairs. les noms de Napoléon et de Joséphine font penser à tout cela. Les voyageurs vont visiter l'habitation des Trois-Ilets, à la Martinique, comme ils vont visiter la maison Bonaparte, à Ajaccio. La Martinique est remplie des souvenirs de Joséphine, comme la Corse de ceux de Napoléon, et ces deux noms, à dix-huit cents lieues de distance, sont répétés chaque jour dans les deux îles.

Un excellent ouvrage dont l'édition est épuisée, l'*Histoire de l'Impératrice Joséphine*, par M. Aubenas, donne les détails les plus curieux, les plus circonstanciés sur les origines de la famille Tascher de La Pagerie, et sur les premières années de Joséphine. L'auteur, qui a fait un séjour de plusieurs années à la Martinique, y a puisé ses renseignements aux sources mêmes. Nous ne saurions avoir un meilleur guide pour parcourir l'habitation des Trois-Ilets et ses environs.

En partant de Fort-de-France dans une de ces légères pirogues que trois insulaires manœuvrent hardiment, on traverse, en une heure et demie, la magnifique baie, qui, en toute saison, peut servir de refuge aux plus grands navires de guerre. Après avoir doublé la pointe extrême de l'anse Morin on voit apparaître, étalé le long du rivage, un petit bourg, composé d'une cinquantaine de maisons en bois, que domine une modeste église. Devant le bourg sont les trois îlots qui lui donnent son nom, et où l'on aperçoit quelques pauvres cabanes de pêcheurs. Pour se rendre directement à l'habitation de la Pagerie, on laisse le bourg à gauche, et l'on débarque au fond de l'anse Morin. Ayant devant soi les hautes et verdoyantes montagnes des Anses-d'Arlet, de Saint-Luce et du Diamant, on parvient, au bout d'un quart d'heure de marche, à un point culminant de la route d'où l'on découvre les bâtiments de cette habitation. M. Aubenas nous la montre « située sur une petite éminence, entourée de mornes plus élevés. A deux pas de la mer, qu'on ne voit plus et dont le bruit même ne vient pas jusqu'à vous, séparée du bourg des Trois-Ilets par le morne Gantheaume, qui vous en dérobe la vue, on n'aperçoit autour de soi qu'un amphithéâtre de verdure couronné par ce ciel dont l'exquise transparence fait l'admiration et le désespoir du peintre. » C'est là que l'impératrice Joséphine naquit le 23 juin 1763.

Son père, Joseph Tascher de la Pagerie, et sa mère, Rose-Claire des Vergers de Sannois, appartenaient à deux familles des plus marquantes de la Martinique. Venus de l'Orléanais, où leur noblesse remonte au douzième siècle, les Tascher s'étaient établis à la Martinique en 1726.

Le grand-père de Joséphine y épousa, en 1734, Mlle de La Chevalerie, une des riches héritières de l'île. De ce mariage il eut Joseph, père de l'impératrice. Les Tascher se lièrent intimement avec le marquis de Beauharnais, qui arriva à la Martinique en 1757, comme gouverneur de l'île, et qui devait être un jour le beau-père de Joséphine. Les Beauharnais, comme les Tascher, étaient une noble famille de l'Orléanais. Ils se prêtèrent un mutuel appui, et, pendant la lutte contre l'Angleterre, le gouverneur eut à se louer de l'intelligence et du courage du lieutenant Joseph Tascher. Celui-ci épousa au bourg des Trois-Ilets, le 9 novembre 1761, Mlle des Vergers de Sannois, dont le père possédait l'habitation où devait naître Joséphine. Joseph Tascher quitta de bonne heure le service militaire, et, à peine âgé de vingt-sept ans, il fixa définitivement sa demeure dans la propriété de son beau-père, aux Trois-Ilets.

C'est là que Joséphine vint au monde, là qu'elle passa toute son enfance. Les commencements de sa vie furent heureux et tranquilles. Entourée de son père, de sa mère, de ses deux sœurs, elle reçut l'éducation patriarcale et religieuse des créoles. Libre dans ses mouvements, dégagée de tout l'attirail qui, en Europe, altère souvent la souplesse de l'enfance, elle vivait surtout en plein air, étudiant peu, parce qu'elle appartenait à une famille où l'on préférait une femme bonne et utile à une femme savante. Son père, comme les riches *habitants* de l'ile, était un veritable souverain dans son domaine. Gentilhomme agriculteur, il ne marchait jamais que l'épée au côté et la canne à la main. L'habitation ressemblait à une monarchie absolue, mais cet absolutisme était tempéré par la douceur, par la bonté. Un maitre tel que M. Tascher de la Pagerie était un protecteur bien plutôt qu'un despote, et sa femme et ses filles donnaient à ses esclaves des soins de sœurs de charité. De bonne heure, Joséphine apprit de ses parents la joie qu'on trouve à faire le bien. Comme la plupart des créoles, elle avait le goût de la nature, des fleurs, de la musique. Elle aimait à regarder le ciel, à écouter le bruit des vagues, à rêver dans ces nuits radieuses des Antilles, où la lune brille comme un soleil, à chanter les airs du pays en s'accompagnant de la guitare.

L'habitation des Trois-Ilets était beaucoup plus belle alors qu'elle ne l'est aujourd'hui. Là où poussent maintenant des plantes parasites, s'étendaient de riches plantations. Sur les mornes maintenant envahis par les campèches et par les goyaviers sauvages, rayonnaient les fertiles cultures, les haies de caféiers, les rangées de cannes à sucre. Devant la maison était une grande place plantée de tamarins. Un parterre de fleurs magnifiques embellissait le seuil de la demeure, et les toits étaient ombragés par des arbres gigantesques et séculaires. Des colonnades de palmistes et de cocotiers s'élevaient à une hauteur de plus de cent pieds et balançaient, sous un ciel de cobalt, leurs grands panaches de palmes vertes. C'est là qu'au milieu des bananiers et des orangers, des fleurs tropicales et des oiseaux de paradis, avec un cortège de jeunes négresses, dont la peau lustrée, noire comme l'ébène, faisait ressortir la mate blancheur de son teint, apparaissait la jeune enfant créole aux cheveux châtain clair, à l'œil bleu foncé, vêtue d'un long peignoir de mousseline blanche, qui laisse deviner la taille sans l'accuser, et coiffée gracieusement du madras de soie aux couleurs éclatantes.

La vie aux Trois-Ilets était beaucoup plus simple que dans les salons parisiens. Mais elle avait aussi ses charmes. La contemplation de la nature, spectacle toujours varié, toujours nouveau ; la succession si intéressante des saisons ; la messe dans la petite église ; les courses à cheval sur les petits coursiers espagnols, à l'œil vif, au pied sûr, appelés *Porto-Rico ;* les promenades, dans le riche hamac de soie végétale, orné de franges en plumes des oiseaux de Cayenne ; les excursions sur mer, dans les pirogues légères et rapides ; les grands festins de gala, avec tous les parents, tous les amis ; les longues conversations, le soir, dans les nuits étoilées, les nuits chaudes que rafraîchit la brise de mer ; le dimanche, les *bamboulas* des nègres exécutant leurs danses pitto-

resques, au son du tam-tam, à la lueur des torches,
tout cela plaisait à l'imagination naïve et poétique
de Joséphine. Sans doute, on lui parlait souvent
de cette France lointaine, de ce majestueux Paris
dont on lui disait des merveilles. Mais, comme
l'oiseau qui se trouve bien dans son doux nid,
elle n'aurait pas mieux demandé que de ne jamais
quitter le sol natal. Qui sait ? Elle aurait peut-
être été plus heureuse, si elle était restée toujours
à sa chère Martinique. Les robes de mousseline
sont moins lourdes à porter que le manteau impérial, et quelques fleurs dans les cheveux embel-
lissent tout autant une femme qu'un diadème de
perles ou qu'une couronne d'impératrice. Bien
des fois, j'en suis sûr, Joséphine, sous les voûtes
dorées des Tuileries, regretta les Trois-Ilets, où
son enfance s'était passée heureuse et pure, où
elle avait inspiré des dévouements sincères et
désintéressés, où elle avait joui du bien suprême, du bien qui trop souvent manque aux
grands de la terre et aux privilégiés de la fortune :
la paix du cœur.

Mais le sort en était jeté. Joséphine allait partir
pour cette Europe où l'attendait une si prodigieuse destinée. S'il faut en croire une tradition
locale, elle dit, avant son départ, à une vieille
négresse, qui la regardait très attentivement :
« Vous voyez donc sur mon visage quelque chose
de bien extraordinaire ? — Oui, répondit la
négresse. — Est-ce du malheur ou du bonheur

qui doit m'arriver ? — Du malheur... oh ! oui, mais du bonheur aussi. — Que lisez-vous pour moi dans l'avenir ? — Vous vous marierez bientôt ; cette union ne sera pas heureuse ; vous deviendrez veuve, et alors vous serez reine de France. » Quand la négresse parlait ainsi, Marie-Antoinette brillait sur le trône, comme la déesse de l'Olympe monarchique à Versailles. Joséphine, malgré cette prédiction étrange, aurait-elle jamais pu se dire, sans être taxée de folie, qu'elle règnerait un jour à la place de la fille des Césars d'Allemagne, que Marie-Antoinette aurait l'échafaud, elle, le trône.

Mme de Renaudin, sa tante, était fixée en France. Cette dame, liée avec la famille Beauharnais, rêvait depuis longtemps un mariage entre sa nièce et le jeune Alexandre de Beauharnais, fils de l'ancien gouverneur de la Martinique. M. Tascher, favorable à l'idée de cette union, s'embarqua pour l'Europe avec sa fille Joséphine, et tous deux arrivèrent à Brest en octobre 1779. La même année, à l'autre bout de la France, débarquait un enfant de dix ans, venu de Corse, qui devait un jour s'appeler l'empereur Napoléon.

II

LE PREMIER MARIAGE

Le fiancé de Joséphine, né en 1760, avait dix-
neuf ans. Elle en avait seize. Il s'appelait Alexandre
de Beauharnais, et son père était ce marquis de
Beauharnais qui, lorsqu'il gouvernait la Martinique, avait entretenu les relations les plus amicales
avec la famille Tascher. Depuis la mort de la
femme du marquis, Mme de Renaudin, qui était
la marraine d'Alexandre, lui avait servi de seconde
mère. A dix-sept ans, il était entré au service militaire, dans le régiment de son parent, le duc de
La Rochefoucauld. C'était un jeune homme aimable, spirituel, joli garçon, brillant dans un salon
et sur un champ de manœuvres, passionné pour
la carrière des armes et brûlant d'arriver à la
gloire militaire; mais un peu étourdi et frivole,
aimant le plaisir à la folie, ayant toutes les ar-
deurs, tous les entraînements, toutes les illusions
de la jeunesse. Il se rendit à Brest au devant de

sa fiancée. Il écrivait de là à son père : « Mlle de la Pagerie vous paraîtra peut-être moins jolie que vous ne l'attendiez ; mais je crois pouvoir vous assurer que l'honnêteté et la douceur de son caractère surpasseront tout ce qu'on a pu vous en dire. »

On arriva à Paris en novembre 1779, et le mariage fut célébré le 12 décembre, à Noisy-le-Grand. Les débuts de cette union furent heureux, et la première année s'en écoula paisiblement. Les jeunes époux passèrent l'hiver à Paris, chez le. marquis de Beauharnais, dont l'hôtel était situé rue Thévenot, et l'été à Noisy-le-Grand, chez Mme de Renaudin. Le vicomte de Beauharnais (c'est le titre que portait le jeune marié), produisit sa femme dans les meilleurs salons de Paris, où elle reçut un accueil empressé, car elle avait déjà ce don de plaire qui la distingua toute sa vie. Cependant elle n'était pas encore à l'apogée de sa grâce. Plus enfant que jeune femme, étrangère aux raffinements de coquetterie des grandes dames parisiennes, à leurs mordantes et spirituelles railleries, à leurs médisances de salon, à cet arsenal de séductions et d'artifices qui rendait les femmes à la mode à la fin du dix-huitième siècle si attrayantes et si dangereuses, la jeune créole avait une qualité qui, dans cette société blasée, passait presque pour un défaut et pour un ridicule : elle était amoureuse de son mari.

Les élégants, les hommes à bonnes fortunes,

comme le galant et sémillant vicomte de Beauharnais, sont presque toujours des ingrats. Ils ne savent gré ni à leurs maîtresses, ni surtout à leurs femmes, de la passion qu'elles ressentent pour eux, et ils croiraient agir comme des provinciaux, des bourgeois, s'ils ne multipliaient pas outre mesure le nombre de leurs conquêtes.

Homme du monde s'il en fut jamais, avec une certaine pédanterie de grand seigneur, unie aux idées libérales et aux habitudes déclamatoires des élèves de Jean-Jacques Rousseau, le nouveau marié se faisait de la femme un idéal que sa jeune femme ne réalisait pas absolument. Sa tante, Mme la comtesse Fanny de Beauharnais, qui vivait séparée de son mari, et dont le fils, marié à une demoiselle de Marnésia, fut le père de la princesse Stéphanie, grande-duchesse de Bade, tenait à Paris et à Fontainebleau un véritable bureau d'esprit. Entourée d'une véritable pléiade d'hommes de lettres, liée intimement avec Dorat et avec Cubières, fière de ses succès dans plusieurs académies de province, la comtesse Fanny ne cessait de versifier, et ses flatteurs lui faisaient croire sans peine qu'elle avait un véritable génie poétique. Alexandre, qui se plaisait beaucoup dans la société de cette tante bas bleu, trouvait que Joséphine n'y faisait pas assez bonne figure. Il aurait voulu qu'au lieu de s'affliger des infidélités d'un volage époux, elle passât son temps à étudier les lettres, les sciences, les arts, pour pouvoir tenir sa place dans un nouvel hôtel Rambouillet. Mais ce rôle n'était ni dans le goût ni dans le tempérament de la jeune créole. Un mari pédagogue lui plaisait infiniment moins qu'un mari amoureux. Elle reprochait à Alexandre d'être trop peu épris, surtout trop peu fidèle. De là entre les deux époux d'incessantes récriminations. Alexandre prétendait mettre tous les torts du côté de sa femme. Il disait à un de ses amis en 1781 : « Je suis tout prêt à préférer le bonheur de chez moi et la paix domestique aux plaisirs tumultueux de la société. Mais j'ai imaginé, en me conduisant ainsi, que si ma femme avait de l'amitié pour moi, elle ferait des efforts pour m'attirer à elle, et pour acquérir les qualités que j'aime et qui sont capables de me fixer. Le contraire de ce que j'avais prévu est arrivé ; au lieu de voir ma femme se tourner du côté de l'instruction et des talents, elle est devenue jalouse, et a acquis toutes les qualités de cette funeste passion. Voilà où nous en sommes aujourd'hui. Elle veut que, dans le monde, je m'occupe uniquement d'elle ; elle veut savoir ce que je dis, ce que je fais, ce que j'écris, et ne pense pas à acquérir cette confiance que je ne réserve qu'à regret, et que je sens que je lui donnerais, à la première marque de son empressement à se rendre plus instruite et plus aimable. »

Beauharnais continuait sa carrière militaire, et dans ses garnisons où sa femme ne le suivait pas,

il avait plutôt des allures de célibataire que
d'homme marié. Cependant, un heureux événement, désiré de part et d'autre avec ardeur, parut
devoir resserrer les liens des deux époux. Le 3
septembre 1781, Joséphine mit au monde un fils,
et son époux reçut dans les bras cet enfant, qui
devait un jour s'appeler le prince Eugène, et
porter si haut le nom des Beauharnais. Joséphine
s'était flattée qu'une fois mère elle saurait fixer
son mari. Vain espoir ! Alexandre, qui n'avait
que vingt et un ans, ne changea pas ses habitudes,
et, bien que charmé d'avoir un fils, il continua
sa vie de plaisirs, au grand désespoir de la tendre
et mélancolique Joséphine.

Mme de Renaudin conseilla au fougueux jeune
homme de demander un congé et de partir seul
pour l'Italie, parce qu'elle croyait que ce voyage
aurait pour lui le résultat de lui faire mieux apprécier sa femme au retour. Alexandre suivit le
conseil de sa marraine. Il s'embarqua à Antibes
le 25 novembre 1781 ; mais, au bout de six mois,
il revint d'Italie, sans être corrigé. Alors il eut
l'idée d'aller servir à la Martinique, sous les ordres
du marquis de Bouillé, et de combattre les colo-
nies anglaises. Il partit en septembre 1782. Au
moment de s'embarquer, il écrivait à Mme de Renaudin : « J'ai pour moi ma conscience, qui s'ap-
plaudit d'avoir su préférer aux douceurs d'une
vie tranquille et passée dans les plaisirs la perspective, quoique éloignée, d'un avancement qui

peut m'assurer une existence plus flatteuse pour l'avenir, et me valoir une considération utile à mes enfants. »

Le marquis de Bouillé avait déjà conquis la Dominique, Saint-Vincent, la Grenade, Saint-Martin, Saint-Christophe. Mais le traité de Versailles, dont les préliminaires furent signés le 20 janvier 1783, restitua aux Anglais toutes ces conquêtes. Ainsi se dissipèrent les rêves de gloire et de combats d'Alexandre de Beauharnais. Retrouvant à la Martinique les mêmes loisirs que dans ses garnisons de France, il s'éprit d'une créole, qui exerça sur lui une fâcheuse influence. M. Tascher de la Pagerie, qui, oubliant les torts d'Alexandre, l'avait reçu de la manière la plus amicale, essaya en vain de le ramener dans une bonne voie. Les remontrances du beau-père ne firent qu'aigrir le gendre. Excité par la femme qui avait pris de l'empire sur lui, Beauharnais s'imagina peut-être que Joséphine, usant de représailles, lui était infidèle, et résolut de demander une séparation. Sur ces entrefaites, il apprit que le 10 avril 1783, sa femme avait mis au monde la jeune fille qui reçut les noms d'Eugénie-Hortense, et qui devait être reine de Hollande et mère de Napoléon III. La naissance de cette fille ne réconcilia pas les deux époux. Poussé à la révolte par la créole dont il était épris, et qui allait, comme lui, se rendre en France, Beauharnais, avant de quitter la Martinique, eut avec son beau-père de vives

explications, à la suite desquelles celui-ci lui
adressa une lettre, qui se terminait ainsi : « Voilà
donc le fruit que vous avez tiré de votre voyage
et de la belle campagne que vous comptiez faire
contre les ennemis de l'Etat. Elle s'est bornée à
faire la guerre à la réputation de votre femme et
à la tranquillité de sa famille. »

Beauharnais s'embarqua pour la France en
août 1783. A son arrivée à Paris, il saisit le Parlement d'une demande en séparation. Pendant
l'instruction du procès, Joséphine resta près d'un
an à l'abbaye de Panthemont, rue de Grenelle-
Saint-Germain. Le Parlement lui donna gain de
cause. Elle fut autorisée à ne pas habiter avec son
mari, qui fut condamné à lui payer une pension
suffisante pour elle et pour sa fille. Non seulement
son beau-père, le marquis de Beauharnais, se
prononça en sa faveur, mais il la fit loger chez
lui, à Fontainebleau. Son beau-frère et la comtesse Fanny continuèrent à l'entourer de soins
affectueux, et la défendirent contre les insinuations
qui avaient eu cours pendant le procès. Joséphine
avait sa fille Hortense auprès d'elle, mais son
mari conservait la garde de son fils Eugène. Une
certaine accalmie ne tarda point à se produire
entre les deux époux séparés. Ils ne se voyaient
point ; mais ils commençaient à correspondre. Ils
finirent même par s'écrire toutes les semaines,
pour se donner réciproquement des nouvelles de
leurs deux enfants.

Cependant l'heure de la réconciliation n'était pas encore venue. Appelée par sa famille à la Martinique, Joséphine se décida non sans quelque hésitation, à faire ce long voyage, et s'embarqua au Havre, en juin 1788, avec sa fille Hortense, qui n'avait que cinq ans. Un terrible coup de vent survint à la sortie du port, et le vaisseau qui portait la future impératrice des Français et la future reine de Hollande faillit périr à l'embouchure même de la Seine. Arrivée à la Martinique, Joséphine revit avec émotion la tranquille demeure où s'était écoulée son enfance, et où ses chers parents l'accueillirent avec des transports d'allégresse. Partie des Trois-Ilets avec l'inexpérience naïve et les rêves dorés de la première jeunesse, elle y revenait, connaissant déjà toutes les amertumes de la vie. Mais il y a dans le sol natal je ne sais quel charme d'apaisement. Le cœur ulcéré de la jeune femme se consola devant cette radieuse et sereine nature des Antilles, qui lui rappelait de si doux et poétiques souvenirs. En retrouvant le jardin qu'elle avait autrefois cultivé, les grands arbres qui avaient ombragé son berceau, le bassin d'eau vive, d'où elle avait retiré, non sans péril, un enfant qui allait s'y noyer, les cases de nègres où l'on se rappelait avec reconnaissance sa bonté et son exquise douceur, l'horizon qu'elle avait tant de fois contemplé en rêvant, la mer dont, à Paris, à dix-huit cents lieues de distance, elle croyait entendre le lointain murmure, la jeune créole se sentait renaître à l'espérance. Malgré les torts de son mari, elle n'avait pas cessé un seul jour de l'aimer. Aussi sa joie fut grande quand elle apprit qu'il s'amendait. Il avait commencé très sérieusement la vie de travail que lui imposaient ses nouveaux devoirs d'homme politique. Envoyé aux états généraux par le bailliage de Blois, pays de sa mère et siège de sa fortune, il fut d'abord élu secrétaire de l'Assemblée Constituante, puis membre du comité militaire, puis président de l'Assemblée. La nouvelle des succès parlementaires de son mari ne fut pas sans flatter Joséphine. Elle tressaillit de joie quand elle sut que, se reprochant sa conduite envers elle, il la suppliait de revenir. Sans hésiter un seul instant, elle dit adieu à sa famille, quitta la Martinique en septembre 1790, et arriva en France au mois d'octobre.

III

Joséphine éprouva certainement une des joies les plus grandes de sa vie, en revoyant son mari revenu aux sentiments de tendresse des premiers jours de leur union. Elle s'installa avec lui, à Paris, dans l'hôtel qu'il possédait alors rue de l'Université, en face de la rue de Poitiers. Son retour fut salué avec transports par son fils Eugène, enfant aimable et affectueux qui annonçait les dispositions les plus heureuses ; par son beau-père qui avait été pour elle un soutien et une protection ; par sa tante, Mme de Renaudin, par la comtesse Fanny de Beauharnais ; par des amis nombreux, qui savaient apprécier toutes ses belles qualités, et qui, après avoir souffert avec elle de ses peines, s'associaient de grand cœur à ses joies et à celles de son époux. Joséphine se félicitait de son sort. Les nuages s'étaient dissipés, et les chagrins passés ne faisaient que rendre plus doux le bonheur présent.

On était alors dans cette période d'espérances et de chimères qu'on a si bien nommée l'âge d'or de la Révolution. « Ceux qui ont vécu dans ce temps, a dit Mme de Staël, ne sauraient s'empêcher de reconnaître qu'on n'a jamais vu tant de vie ni tant d'esprit nulle part, et l'on peut en juger par la foule d'hommes de talent que les circonstances développèrent alors. Jamais société n'a été aussi brillante et aussi sérieuse tout ensemble que pendant les trois ou quatre années de 1788 à 1791. Dans aucun pays ni dans aucun temps l'art de parler, sous toutes les formes, n'a été aussi remarquable. » Comme plus d'un autre grand seigneur, Alexandre de Beauharnais était profondément attaché aux idées nouvelles. Il n'y avait, ni dans la bourgeoisie ni dans le peuple, aucun homme qui pût se dire plus libéral que lui. On a trop oublié avec quelle chaleur, quelle bonne foi la noblesse avait, à l'aurore de la Révolution, embrassé l'idée d'une réforme générale de l'Etat et salué l'avènement de la liberté politique. Si l'on examine en détail ses cahiers, on constate qu'ils n'avaient laissé presque rien à inventer aux libéraux modernes, et que tous les grands principes du gouvernement représentatif s'y trouvent réunis.

Alexandre de Beauharnais s'était jeté avec ardeur dans les idées d'indépendance. Envoyé aux états généraux par suite de son sincère enthousiasme pour la liberté, il avait été l'un des quarante-sept membres de la noblesse qui, après le serment du Jeu de Paume, vinrent tendre la main au tiers état, et, dans la nuit du 4 août, il fut l'un des plus empressés à faire sur l'autel de la Patrie le sacrifice des titres et des privilèges féodaux qu'il tenait de sa naissance. Dans la famille Beauharnais, comme dans la famille Mirabeau, les deux frères, adversaires politiques décidés, siégeaient, l'un à droite, l'autre à gauche. Alexandre de Beauharnais était un fervent libéral, et il n'y avait pas, au contraire, de réactionnaire plus opiniâtre que son frère aîné François, qui était, comme lui, membre de l'Assemblée constituante, et auquel on donnait les surnoms de « féal Beauharnais », à cause de sa fidélité monarchique, ou de « Beauharnais sans amendement, » à cause de sa persistance à repousser tous les amendements destinés à restreindre les prérogatives du pouvoir royal.

Déjà, en 1790, plus d'une illusion s'était dissipée, et bien des gens entrevoyaient l'abîme qui s'ouvrait sous les pieds des hommes les mieux intentionnés. Mais Alexandre de Beauharnais, aussi résolu dans une assemblée que sur un champ de bataille, ne connaissait ni les défaillances, ni le découragement. Rien ne pouvait ralentir son ardeur libérale, et son salon de la rue de l'Université était sans contredit l'un des centres intellectuels où les nouvelles idées avaient les adeptes les plus éloquents et les plus convaincus. Sans abdiquer les traditions d'élégance et de courtoisie en vigueur sous l'ancien régime, la conversation s'enrichissait de débats sérieux sur les questions les plus intéressantes et les plus graves, et l'on trouvait dans les hommes tels que Beauharnais les qualités multiples du grand seigneur et du tribun, de l'orateur et du militaire, de l'homme de salon et de l'homme d'action.

Les principaux habitués de son hôtel de la rue de l'Université étaient son ancien colonel, le duc de La Rochefoucauld, le marquis de Caulaincourt, le comte Mathieu de Montmorency, la comtesse Fanny de Beauharnais, qui était revenue triomphante d'un voyage d'Italie avec une provision d'œuvres en prose et en vers; le prince de Salm-Kirbourg et la princesse de Hohenzollern, sa sœur, qui habitaient le délicieux hôtel devenu depuis la grande chancellerie de la Légion d'honneur. On y voyait aussi les principaux des hommes politiques avec lesquels Beauharnais avait l'habitude de voter à l'Assemblée constituante, MM. de La Fayette, d'Aiguillon, de Crillon, d'André, de Montesquiou, de Biron, c'est-à-dire les membres militaires de ce qu'on appelait alors le parti constitutionnel, ainsi que les chefs de ce parti, Barnave, Chapelier, Meunier, Thouret et autres.

Au milieu de ce cercle, qu'elle présidait de la manière la plus gracieuse, Joséphine eut le bon goût de ne pas se mêler de politique. On ne la vit point, comme tant d'autres femmes, perdre son temps à disserter sur les droits de la couronne et sur ceux de la nation. Elle n'avait ni les aptitudes ni les ambitions d'une Mme de Staël ou d'une Mme Roland. Elle pensait que les discussions politiques nuisent aux femmes en grossissant leur voix, en altérant leurs traits, en aigrissant leur caractère. Elle ne contredisait ni son mari ni les habitués de son salon. Elle ne déclamait pas, elle se contentait de plaire.

Cependant, l'horizon ne tarda point à s'assombrir pour elle. Son père mourut à la Martinique en novembre 1790. Un an après, elle perdit sa sœur, et sa mère resta seule au milieu de l'habitation des Trois-Ilets. En même temps, les affaires politiques se compliquaient de la manière la plus grave, et, à l'âge d'or des illusions, succédait brusquement l'âge de fer des réalités.

Les deuils de Joséphine et la gravité des événements politiques enlevèrent vite au salon de la rue de l'Université son charme et sa gracieuse animation. A moins de passer pour un rêveur, on ne pouvait pousser l'optimisme jusqu'à ne pas craindre l'avenir. Les qualités aimables de l'esprit français s'altéraient tous les jours. On ne reconnaissait plus l'atticisme et le bon goût de l'ancienne société française. Les rares salons qui demeuraient encore ouverts ressemblaient à des clubs. On ne causait plus, on discutait. Les familles étaient divisées, comme l'Etat lui-même, et l'on voyait, à chaque instant, des parents, des amis échanger les apostrophes les plus violentes, les récriminations les plus amères.

Cependant Beauharnais restait toujours homme de bonne compagnie, au milieu des crises les plus redoutables, et ses adversaires eux-mêmes admiraient sa fermeté et son sang-froid. Président de l'Assemblée Constituante, le 21 juin 1791 il monta au fauteuil d'un air grave et soucieux. « Messieurs, dit-il, j'ai une nouvelle affligeante à vous donner. M. Bailly est venu, il n'y a qu'un instant, chez moi, m'apprendre que le roi et une partie de sa famille ont été enlevés cette nuit par les ennemis de la chose publique. » Le 23, il annonça que Louis XVI venait d'être arrêté à Varennes. Un décret, voté à l'unanimité, ordonna à toutes les autorités civiles et militaires « de protéger le retour du roi, de repousser par la force, saisir et arrêter tous ceux qui oseraient porter atteinte au respect dû à l'autorité royale. » A côté du courant révolutionnaire, subsistait encore le respect traditionnel du principe monarchique et des antiques usages. Après ce vote, Alexandre de Beauharnais, suivi de deux cents membres de l'assemblée, quitta la salle des séances, pour se rendre à la procession de la Fête-Dieu de la paroisse Saint-Germain l'Auxerrois. A midi, cette députation, qui venait d'adorer le Saint-Sacrement et de chanter les cantiques avec les fidèles, rentrait majestueusement dans la salle de l'Assemblée, au bruit de la musique de la garde nationale, qui la précédait, et qui, étrange contraste, jouait l'air du *Ça ira*.

Beauharnais était à son fauteuil de président, le 25 juin, au moment même où la famille royale, revenant de Varennes, arrivait à Paris. Le bruit se répandit dans la salle que les dispositions de la foule dans le jardin des Tuileries pouvaient faire redouter un crime. « On vient de me remettre, dit Beauharnais, la clef de la voiture du roi, et l'on m'annonce qu'un peuple nombreux entoure les voitures et veut les ouvrir. » Sur sa demande, l'Assemblée désigna vingt membres chargés d'aller rétablir l'ordre, de faire descendre la famille royale de voiture et de l'introduire aux Tuileries, ce qui eut lieu sans accident. Pendant toute la durée de la semaine suivante, Beauharnais présida encore l'Assemblée, et, lorsqu'il descendit du fauteuil pour reprendre sa place, il fut salué par les applaudissements de tous ses collègues. La nouvelle Constitution ayant été solennellement proclamée le 18 juin, au milieu d'une fête magnifique au Champ-de-Mars, l'Assemblée législative succéda à la Constituante. Alexandre de Beauharnais, toujours passionné pour ses idées de progrès, d'humanité, d'indépendance, se retira, avec sa femme et ses enfants, en Sologne, dans son domaine de la Ferté. Sa carrière parlementaire était finie, et il allait bientôt reprendre la carrière des armes.

IV

BEAUHARNAIS, GÉNÉRAL EN CHEF

Il faut avouer que les nobles étaient bien malheureux sous la Révolution. Ceux qui émigraient étaient privés de leurs biens et condamnés à un exil qui, disait-on, devait être éternel. Ceux qui restaient en France étaient suspectés, incarcérés, guillotinés. Enfin ceux qui se réfugiaient sous les drapeaux, et y faisaient des prodiges d'héroïsme, n'y trouvaient pas même un asile; on ne leur pardonnait ni leurs revers, ni leurs succès, et l'on finit par leur interdire de combattre et de mourir pour la patrie. Le général marquis de Montesquiou-Fezensac, un des premiers nobles qui, en 1789, s'étaient réunis au tiers état, avait conquis la Savoie en 1792; cela ne l'empêchait point d'être suspect, et, pour ne pas monter sur l'échafaud, il était obligé de se réfugier en Suisse. La Terreur se montrait impitoyable, même pour les plus sincères partisans des idées nouvelles, même

pour les généraux les meilleurs de la République.
En vain le général comte Arthur de Dillon avait
battu les Prussiens en Champagne; en vain le
général comte de Custines s'était emparé de
Worms, de Spire, de Mayence, de Francfort; en
vain le duc de Biron, si célèbre à la cour de
Marie-Antoinette par son luxe et son élégance,
sous le nom de duc de Lauzun, s'était jeté corps
et âme dans la Révolution, et avait commandé,
en Vendée, l'armée républicaine contre les paysans royalistes; tous furent décapités. Les deux
généraux de La Tour du Pin, le marquis et le
comte, qui avaient donné tous les deux tant de
gages au libéralisme, eurent aussi le même sort.
Le vicomte de Beauharnais ne devait pas être
plus heureux. Paladin de la démocratie, il eut
beau commander en chef l'armée du Rhin, donner
l'exemple de toutes les vertus civiles et militaires,
mériter l'affection et le respect de tous ses soldats,
se conduire comme un héros de Plutarque, être
le type de ce qu'alors on appelait un patriote,
rien ne put apaiser le régime de la Terreur. Met-
tant de côté toute ambition, toute vanité, il avait,
pour désarmer les soupçons, renoncé à son commandement de général en chef, et réclamé, comme
une faveur suprême, l'honneur de combattre en
qualité de simple soldat; et, quand on lui refusa
cette dernière satisfaction, au lieu de s'enfuir à
l'étranger comme La Fayette, comme Dumouriez,
comme Montesquiou, il revint tranquillement en

France, se fiant à la loyauté de ses concitoyens, que tant d'abnégation et de patriotisme aurait dû émouvoir. Eh! bien, comment fut-il récompensé de tout cela? Par le supplice.

Et pourtant, avec quelle ardeur, avec quel enthousiasme n'était-il pas accouru, au premier signal du clairon, dès le commencement de la guerre! Avec quelle énergie ne blâmait-il pas la conduite de son frère, qui avait émigré! Avec quelle conviction n'écrivait-il pas à son père : « Une lettre de moi ne ferait aucune impression sur lui, mais j'espère que la vôtre produira l'effet que vous avez droit d'en attendre ; la sollicitude d'un père qui parle au nom d'un grand peuple, et fait valoir l'amour de la patrie, doit l'emporter sur un faux point d'honneur dont la philosophie détruit chaque jour une des illusions! »

Attaché, dès le début de la guerre, à l'armée du Nord, commandée par le maréchal de Rochambeau, puis à l'armée du Rhin, en qualité de chef d'état-major, sous les ordres du duc de Biron, il resta sous les drapeaux, même après le meurtre de son cousin, de son ancien colonel, de son second père, le duc de La Rochefoucauld, égorgé à Gisors, au lendemain du 10 août ; même après la mort tragique de son ami intime, le comte Charles de Rohan-Chabot, massacré sur le seuil de l'Abbaye ; même après le supplice de Louis XVI et le triomphe des Jacobins. Agé de trente-trois ans, il était en juin 1793, nommé général en chef de l'armée du Rhin, avec mission d'empêcher la reprise de Mayence, où vingt mille Français étaient assiégés par deux armées que commandaient Brunswick, Wurmser et le roi de Prusse en personne. Beauharnais avait alors à à un tel point la faveur populaire, que, peu de jours après sa nomination de général en chef, il fut désigné comme ministre de la guerre par le Comité de salut public. Il refusa, par une lettre du 16 juin, le poste qui lui était offert. « Ce n'est point, écrivait-il, une faiblesse coupable qui me fait prier avec respect la Convention nationale de faire un autre choix; c'est le sentiment que je dois à la République d'exposer que je me crois plus propre à servir ma patrie contre la coalition des tyrans, au milieu de mes frères d'armes, que je ne le suis à être ministre au milieu des orages d'une révolution. Trop chaud révolutionnaire pour composer avec les partis, trop éloigné de tout esprit d'intrigue pour posséder l'art peut-être nécessaire de se concilier, par sa conduite, des suffrages opposés, je déclare que je ne me crois pas propre à être ministre en ce moment... Je sais que le même décret qui m'appelle au ministère donne à un autre général le commandement de l'armée du Rhin. Mais cette circonstance est nulle à mes yeux; je servirais sous un autre avec satisfaction ; car, avec mes principes, le commandement n'est rien, l'honneur de défendre ma patrie est tout. » Il ajoutait dans cette lettre, que n'aurait pas désavouée le républicain le plus convaincu, le jacobin le plus ardent : « Trouvez donc bon qu'en quelque qualité que ce soit je reste à l'armée, et que je préfère à l'exercice éphémère de fonctions au-dessus de mes forces l'avantage plus certain d'exposer mes jours pour l'indépendance de mon pays, et de me compter avec orgueil au nombre de tant de braves républicains qui n'ont pas une goutte de sang qu'ils ne destinent à cimenter la liberté publique et le bonheur de leurs concitoyens. Heureux si, pour prix de mon dévouement, je peux, à la paix, retourner, par le suffrage du peuple, dans le sein des assemblées nationales, et, en zélé montagnard, y continuer à défendre ses droits, qui seront plus longtemps exposés, dans l'intérieur, aux menées de l'intrigue et aux entreprises de l'ambition, que menacés au dehors par les soldats des rois, que ne peuvent manquer de vaincre les soldats de la liberté. » Cette lettre ayant été lue à la Convention, dans la séance du 19 juin 1793, Beauharnais fut maintenu dans sa position de commandant en chef. Toujours plein d'illusions, il espérait, par sa conduite républicaine, écarter de lui tout soupçon, et abriter sa famille sous la gloire qu'il aurait conquise à l'armée. Son père continuait à résider à Fontainebleau, sur la foi d'un certificat de civisme, et Joséphine vivait le plus souvent à Paris, dans son hôtel de la rue de l'Université, pour attester par sa présence, les sentiments républicains de son mari.

Beauharnais s'aperçut bientôt que ses espérances n'étaient que des chimères. Si la Convention lui était encore favorable, la Commune le voyait déjà d'un mauvais œil. Un nommé Varlet demanda qu'on fît une adresse à la Convention pour l'inviter à décréter qu'aucun noble ne pourrait désormais occuper des fonctions civiles ou militaires. A cette nouvelle, Beauharnais écrivit à la Commune, le 20 juin, une longue lettre où il s'élevait contre cette manie de créer des catégories entre les serviteurs de la même cause, et de vouloir exclure du service de l'État toute une classe de « citoyens non responsables du malheur de leur naissance ».

Cependant la ville de Mayence était prise par les armées prussienne et autrichienne le 23 juillet, au moment même où Beauharnais victorieux marchait à son secours. Le même jour, Hébert disait au club des Jacobins : « Il faut destituer et bannir tous les nobles qui figurent dans nos armées, dans la magistrature, partout... Réunissons-nous tous, et crions : Plus de nobles ! les nobles nous assassinent. » Le ci-devant vicomte n'espéra plus alors pouvoir lutter contre le système de dénonciations et de soupçons qui prévalait. Il renonça donc à son commandement, et dit à ses troupes dans un ordre du jour, daté de Wissembourg, le 6 août 1793 : « Il me suffit

qu'une inquiétude atteigne une classe éteinte,
mais dont j'ai fait partie, pour oublier moi-même
mes titres nombreux à la confiance publique, et
pour demander ma propre exclusion. » L'ancien
noble se faisait toutefois cette illusion qu'on lui
permettrait au moins de rester à l'armée, non
plus comme général en chef, mais comme soldat.
Le 17 août, on lisait à la Convention une lettre
de lui où il disait : « J'ai le malheur de faire
partie d'une classe ci-devant privilégiée, et quand
l'opinion publique a élevé sur toute une caste
une méfiance légitimée par un si grand nombre
de ceux qui en faisaient partie, je dois provoquer
moi-même l'ostracisme, et vous solliciter de me
permettre de prendre rang comme soldat parmi
les braves républicains de cette armée... La seule
perspective d'une méfiance possible, et dont je
serais injustement l'objet, suffit pour affecter mon
âme, et me faire perdre ce caractère entreprenant
souvent si utile à un général, et toujours si naturel à qui commande des soldats français. Faites
donc droit à ma demande, je vous en conjure, et
comptez que rien ne pourra affaiblir ma déter-
mination de servir la République par mon sang,
par mon attachement à la Constitution. »

La Convention accepta la démission de Beauharnais ; mais elle lui défendit de rester à l'armée,
même comme simple soldat, et elle lui ordonna
de revenir immédiatement. L'ancien général en
chef obéit, et, vers la fin du mois d'août, il se

trouva réuni à sa femme et à ses enfants. Il ne voulait, à aucun prix, de l'émigration, ni pour lui, ni pour sa famille. Le 17 septembre, la Convention ordonna l'arrestation de tous les suspects. « Sont réputés suspects, disait-elle, ceux qui, soit par leur conduite, soit par leurs relations, soit par leurs propos ou par leurs écrits, se sont montrés partisans de la tyrannie et du fédéralisme, et ennemis de la liberté; ceux des ci-devant nobles, ensemble les maris, femmes, pères, mères, fils ou filles, frères ou sœurs, ou agents d'émigrés qui n'ont pas constamment manifesté leur attachement à la Constitution. » Beauharnais, toujours optimiste, malgré les événements qui lui donnaient, chaque jour, des avertissements si cruels, s'obstinait à s'imaginer qu'il pourrait échapper à cette terrible loi des suspects. Il croyait naïvement qu'il trouverait un asile dans son domaine du Loir-et-Cher, à la Ferté, où il s'était réfugié avec sa femme et ses enfants. Il adressait une lettre patriotique à la Société populaire de Blois, et se sentait tout heureux de cette réponse : « Ta lettre a été accueillie par nous avec les transports de l'amitié; nous t'estimons, nous te chérissons; nous regrettons que les circonstances t'aient forcé de t'arrêter au milieu de ta carrière militaire ; nous te louons d'avoir fait à l'opinion de tes concitoyens le sacrifice de la gloire que tu étais en chemin d'acquérir. Un homme assez grand pour refuser le ministère, et se démettre du généralat est un sans-culotte. » Fier de ce brevet de sans-culotte, le ci-devant vicomte fut nommé maire de La Ferté. « Non, jamais je n'aurais cru, écrivait-il à son père, le 11 octobre 1793, cinq jours avant le supplice de Marie-Antoinette, qu'en quittant une vie aussi active que celle de l'armée, le temps écoulé dans le calme et la solitude eût été aussi rapide. La fin du jour arrive pour moi aussi promptement qu'avant ma retraite. Il est vrai que ma tête n'est point oisive ; elle se fatigue en combinaisons pour le salut de la République, comme mon cœur s'épuise en efforts et en vœux pour le bonheur de mes concitoyens. »

Cependant, on était en pleine Terreur. Les compagnons d'armes de Beauharnais, Luckner, Biron, Houchard, montaient sur l'échafaud. Lui-même avait servi sous Luckner ; il avait été le chef d'état-major de Biron ; il avait essayé, avec Houchard, de dégager Mayence. De plus, il était le frère d'un émigré, dont la femme venait d'être arrêtée, et conduite à la prison de Sainte-Pélagie. Il finit par devenir suspect lui-même. Dénoncé au comité de Loir-et-Cher, il fut arrêté à la Ferté, dans les premiers jours de 1794, et conduit à Paris où on l'écroua d'abord dans la prison du Luxembourg. Voilà où aboutissaient tant de beaux rêves ! Sa femme multiplia en vain les démarches les plus actives pour le tirer de prison. Le 20 avril 1794, jour où elle s'était présentée à la section pour retirer son passeport, et obéir à la loi, qui donnait dix jours à tous les ci-devant nobles pour sortir de Paris, elle fut arrêtée elle-même et jetée dans la prison des Carmes.

V

Voilà Joséphine en prison, dans cet horrible
cachot des Carmes, rempli des plus lugubres,
des plus sanglants souvenirs! Quelle cruauté!
Arracher à ses enfants, et enfermer dans ce lieu
d'horreur une femme si douce, si tendre, si dis-
posée aux larmes! Pour cette créole habituée,
dès l'enfance, à la liberté, au grand air, au soleil
des Antilles, quelle torture que d'être ensevelie
vivante dans ce tombeau! Elle y restera cent
huit jours, du 2 floréal au 19 thermidor an II
(21 avril. 6 août 1794). Que de pensées amères
doivent assombrir une imagination si vive, et
comme l'on se rend compte de ce que souffrent
son corps et son âme! L'ancien couvent des
Carmes, situé rue de Vaugirard, est devenu,
quand Joséphine y est incarcérée, l'une des prisons les plus sinistres de Paris. Les corridors
sont noirs. Les détenus ne peuvent descendre au

jardin. Les femmes ne viennent pas au réfectoire en même temps que les hommes. On ne les aperçoit qu'à leurs fenêtres ; encore ces fenêtres sont-elles bouchées aux trois quarts, le jour ne venant que d'en haut et l'espace vide étant grillé par des barreaux solides. Les rapports entre les détenus ne sont plus ceux des prisonniers de la Conciergerie, tels que les décrit le comte Beugnot. Plus de vestiges de l'ancienne élégance. Les hommes négligent leur toilette ; ils ont la barbe longue, un méchant foulard sur la tête ; leurs habits sont malpropres ; les femmes n'ont qu'une mauvaise petite robe de toile [1].

La pièce où Joséphine restera enfermée pendant toute sa captivité est située au premier étage. C'est une cellule voûtée, d'une largeur de deux mètres trente centimètres, sur dix mètres environ de longueur, qui prend jour sur le jardin par une croisée garnie de barreaux de fer. C'est aux Carmes qu'a eu lieu le 2 septembre 1792, cet horrible massacre qui a duré deux heures de suite, et où ont été assassinés, entre autres victimes, l'archevêque d'Arles, Mgr Dulau, et les évêques de Beauvais et de Saintes, tous deux de la maison de La Rochefoucauld-Bayers. Joséphine s'est sentie prise de frisson, en franchissant ce seuil teint de sang. Sa cellule s'appelle la Chambre aux épées, parce qu'on voit sur le mur l'empreinte

---

1. M. Campardon. *Le tribunal révolutionnaire de Paris.*

de trois épées que les septembriseurs y ont sans
doute appuyées, après le massacre des cent vingt
prêtres qui se trouvaient dans la prison. L'empreinte des manches se distingue très bien, mais
il n'en est pas tout à fait de même de celle des
trois lames, qui se confond avec la marque faite
par le sang qui les couvrait, et qui, s'en déta-
chant, ruissela sur le mur. C'est là que la mal-
heureuse prisonnière songe avec angoisse à ses
pauvres enfants, qu'elle craint de ne plus revoir.
Sept jours après son incarcération, elle écrit à sa
fille : « Ma chère petite Hortense, il m'en coûte
d'être séparée de toi et de mon cher Eugène ;
je pense sans cesse à mes chers petits enfants, que
j'aime et que j'embrasse de tout mon cœur. »
Beauharnais, d'abord écroué au Luxembourg,
avait été transféré à la prison des Carmes ; mais
il n'y occupait pas le même quartier que sa femme,
qui se trouvait ainsi bien près et bien loin de lui.
C'est de là qu'il écrivait à sa fille : « Ma chère
petite Hortense, tu partages donc mes regrets de
ne pas te voir, mon amie ; tu m'aimes et je ne peux
t'embrasser. Pense à moi, mon enfant, pense à ta
mère, donne des sujets de satisfaction aux personnes qui prennent soin de toi, et travaille bien.
C'est par ce moyen, c'est en nous donnant l'assurance que tu emploies bien ton temps, que
nous aurons plus de confiance encore dans tes
regrets et tes souvenirs. »

Le 19 floréal an II (9 mai 1794), Eugène et

Hortense, sans doute aidés par leurs tantes, Fanny de Beauharnais et Mme de Renaudin, adressaient à la Convention une requête pour obtenir la liberté de la mère. « D'innocents enfants, y était-il dit, réclament auprès de vous, citoyens représentants, la liberté de leur tendre mère, de leur mère à qui l'on n'a pu rien reprocher que le malheur d'être entrée dans une classe à laquelle elle a prouvé qu'elle se croyait étrangère, puisqu'elle ne s'est jamais entourée que des meilleurs patriotes, que des plus excellents montagnards. Ayant demandé son ordre de passe pour se soumettre à la loi du 26 germinal, elle fut arrêtée le soir sans pouvoir en pénétrer la cause. Citoyens représentants, vous ne laisserez pas opprimer l'innocence, le patriotisme et la vertu. Rendez la vie à de malheureux enfants; leur âge n'est point fait pour la douleur. » Cette requête était signée : Eugène Beauharnais, âgé de douze ans, et Hortense Beauharnais, âgée de onze ans. Appel qui resta sans écho. La Terreur ne connaissait pas la pitié.

Comment va-t-il finir cet homme qui avait tout sacrifié à la République, ce patriote qui avait eu les paroles et la conduite d'un vrai Spartiate, cet Alexandre de Beauharnais, ce grand seigneur, qui, dans la nuit du 4 août 1789, avait si joyeusement renoncé à son titre de vicomte et à ses privilèges de naissance, cet homme d'ancien régime qui s'était dévoué avec tant d'enthousiasme aux idées nouvelles, ce général qui avait commandé si vaillamment les armées républicaines, cet aristocrate qui s'était fait traiter de sans-culotte et de montagnard ? Le 4 thermidor, il est transféré de la prison des Carmes à la Conciergerie, ce vestibule de l'échafaud. Le 5, il comparaît devant le tribunal révolutionnaire avec quarante-sept autres prévenus. Fouquier-Tinville soutient l'accusation. C'est l'apogée de la Terreur. Les têtes tombent comme des ardoises. Trois accusés seulement sont acquittés. Les quarante-cinq autres sont condamnés à mort. Parmi eux l'on remarque le prince de Rohan-Montbazon, le marquis de Champcenetz, le banquier Gallet-Santerre, le marquis de Soyecourt, l'ancien conseiller au Châtelet Bouchet d'Argis, d'Autichamp, frère du célèbre Vendéen de ce nom le prince de Salm-Kirbourg, et enfin Alexandre, de Beauharnais.

Même sous le couteau de la guillotine, l'ancien vicomte ne renoncera pas à ses idées de démocratie, et il se servira jusqu'au bout du langage révolutionnaire. La veille de sa condamnation, il a écrit à sa femme : « Toutes les apparences de l'espèce d'interrogatoire qu'on a fait subir aujourd'hui à un assez grand nombre de détenus sont que je suis la victime des scélérates calomnies de certains aristocrates, soi-disant patriotes de cette maison. La présomption que cette infernale machination me suivra jusqu'au tribunal révolutionnaire ne me laisse aucun espoir de te revoir, mon amie, ni d'embrasser mes chers enfants. Je ne te parlerai point de mes regrets ; ma tendre affection pour eux, l'attachement formel qui me lie à toi ne peuvent te laisser aucun doute sur le sentiment avec lequel je quitterai la vie sous ces rapports. Je regrette également de me séparer d'une patrie que j'aime, pour laquelle j'aurais voulu donner mille fois ma vie, et que, non seulement je ne pourrai plus servir, mais qui me verra échapper de son sein en me supposant un mauvais citoyen. [Cette idée déchirante ne me permet pas de ne te point recommander ma mémoire : travaille à la réhabiliter en prouvant qu'une vie entière consacrée à servir son pays et à faire triompher la liberté et l'égalité, doit, aux yeux du peuple, repousser d'odieux calomniateurs, pris surtout dans la classe des suspects. » Ainsi, Beauharnais s'en prend, non point aux Jacobins, mais aux aristocrates. Il n'a de paroles sévères ni pour la République, ni pour le tribunal révolutionnaire. C'est tout au plus s'il ne justifie pas la loi des suspects. Après avoir parlé, dans sa lettre à sa femme, de sa réhabilitation future, il ajoute : « Ce travail de réhabilitation doit être ajourné, car, dans les orages révolutionnaires, un grand peuple qui combat pour pulvériser ses fers doit s'environner d'une juste méfiance, et plus craindre d'oublier un coupable que de frapper un innocent. » La lettre se termine ainsi : « Je mourrai avec ce calme qui permet cependant de s'attendrir pour ses plus chères affections, mais avec ce courage qui caractérise un homme libre, une conscience pure et une âme honnête, dont les vœux les plus ardents sont pour la prospérité de la République. » Généreuse illusion ! Beauharnais se dit libre, libre dans une prison, libre en face de l'échafaud, et c'est au gouvernement de ses bourreaux qu'il adresse ses souhaits affectueux. « Adieu, dit-il en terminant, adieu mon amie, console-toi par mes enfants ; console-les en les éclairant, et surtout en leur apprenant que c'est à force de vertus et de civisme qu'ils doivent effacer le souvenir de mon supplice, et rappeler mes services et mes titres à la reconnaissance nationale. Adieu ! tu sais ceux que j'aime ; sois leur consolation, et prolonge par tes soins ma vie dans leur cœur. Adieu ! je te presse, ainsi que mes chers enfants, pour la dernière fois, contre mon sein. » Condamné à mort, sur la simple constatation de son identité, l'ancien général en chef de l'armée du Rhin monte sur l'échafaud avec ce courage héroïque dont il a donné tant de preuves. Sur la fatale charrette, il a rencontré son ami intime, le prince de Salm-Kirbourg. Sa tête tombe le 6 thermidor, trois jours seulement avant la chute de Robespierre, par laquelle il eût été sauvé.

Joséphine ne connut, dit-on, le supplice de son

mari que trois jours après, par la lecture des journaux qui apportaient dans les prisons le bulletin quotidien des victimes. Sa douleur fut au-dessus de toute expression. Elle crut que tout était fini, et, renonçant à l'espérance, elle ne pensa plus qu'à mourir. On était : cœur de l'été, à la fin de juillet. Contraste étrange! dans la prison, d'affreuses ténèbres; au dehors, un ciel éclatant, des journées magnifiques et des nuits radieuses! La chaleur était excessive. Les pleurs et la sueur se mêlaient, sueur d'angoisses, d'agonie. On n'osait même plus respirer. On était comme plongé dans un cercle de l'enfer du Dante. Pauvre Joséphine! la prédiction de la négresse, qui lui avait dit, un jour, à la Martinique : « Vous serez reine de France! » devait lui paraître alors une bien amère et bien singulière dérision! Les agents de la prison redoublaient d'insolence pour elle. Le geôlier, entrant dans la cellule qu'elle occupait avec sa compagne de captivité, la duchesse d'Aiguillon, lui annonça qu'il venait lui prendre son lit de sangle pour le donner à une autre prisonnière.

— « Comment, le donner ? dit avec vivacité la compagne de Joséphine; Mme de Beauharnais en aura donc un meilleur ? — Non, non, répondit le geôlier, elle n'en aura bientôt plus besoin. » Le comte de La Valette raconte qu'elle n'échappa que par miracle au supplice. Malade au moment où son acte d'accusation lui fut remis, ce qui équivalait à un arrêt de mort, elle fut soignée par un médecin polonais, qui déclara que la maladie allait en faire justice, et que la prisonnière n'avait pas huit jours à vivre. Cette déclaration l'empêcha de comparaître devant le tribunal révolutionnaire.

Sur ces entrefaites, qu'arriva-t-il ? Dans la prison des Carmes et dans la cellule même de Joséphine avait passé une femme qui devait être sa libératrice. Cette femme, dont la petite main allait renverser l'échafaud, et qui allait devenir pour plus d'une année la vraie reine de la République, c'était Térézia Cabarrus, la ci-devant marquise de Fontenay, la citoyenne Tallien ! D'où venait-elle, cette magicienne, cette enchanteresse, dont l'influence allait être si extraordinaire, et qui devait attacher son nom au drame de Thermidor ? Comment cette marquise, si brillante dans les fêtes de l'ancien régime, était-elle devenue la favorite d'un proconsul républicain, et par quelle étrange combinaison la Providence destinait-elle cette femme, d'apparence si frivole, à secouer le joug des Terroristes, et à fermer le club des Jacobins ? La citoyenne Tallien allait briser Robespierre, sauver Mme de Beauharnais, protéger l'homme qui devait bientôt être le maître de la France et le vainqueur de l'Europe. Lors de son passage dans le cachot des Carmes, cette prisonnière avait promis à Mme de Beauharnais de la délivrer. Elle tint parole. Les deux femmes qui devaient rayonner ensemble au Luxembourg s'étaient d'abord connues dans le fond d'une prison ! Époque tragique et romanesque ! Tout y est imprévu, saisissant. On va d'émotion en émotion, de terreur en terreur, de surprise en surprise. Y a-t-il un roman qui ait plus de péripéties que cette histoire ?

VI

LES ORIGINES DE MME TALLIEN

Il y a dans l'histoire peu de destinées aussi curieuses et aussi remplies de contrastes que celle de Térézia Cabarrus. Fille d'un négociant de Bayonne qui devint, à Madrid, banquier, comte et ministre, elle fut mariée trois fois, à un marquis de la cour de France, à un conventionnel, à un grand seigneur belge ; elle traversa les conditions les plus différentes, et se montra sous des aspects multiples qui ne peuvent se produire qu'à des époques profondément troublées. Rien ne ressemble moins à la marquise de Fontenay que la citoyenne Tallien. Rien ne ressemble moins à la citoyenne Tallien que la princesse de Chimay. Mais si les rôles de l'actrice sont divers, la femme, sous ses costumes qui changent, reste toujours la même, aimable, séduisante, enchanteresse.

Térézia Cabarrus naquit à Saragosse, en 1775.

Son père était un Français de Bayonne établi en Espagne. Après avoir dirigé une fabrique près de Madrid, il s'occupa des finances espagnoles, et proposa une émission de bons royaux qui eut un grand succès. Placé par le roi Charles III à la tête d'une banque d'État, désignée sous le nom de banque Saint-Charles, il fit instituer une Compagnie pour le commerce des Philippines. Mlle Térézia Cabarrus passa son enfance tantôt à Madrid, tantôt dans le domaine de Caravanchel, devenu plus tard la propriété de Mme la comtesse de Montijo, la mère de l'impératrice Eugénie. Elle vint à Paris pour y terminer son éducation, et fut confiée aux soins d'un ami de son père, M. de Boisgeloup.

Dès son apparition au milieu de la société parisienne, elle fit admirer de tous sa grâce et sa beauté. Comme dit M. Arsène Houssaye, qui, sous ce titre : *Notre-Dame de Thermidor*, a consacré un remarquable ouvrage à l'histoire de cette femme célèbre, il n'y eut pas à Paris assez de madrigaux pour célébrer le timbre d'or de sa voix, quand elle chantait une chanson sévillane ; la désinvolture, la souplesse, la grâce de ses mouvements, lorsqu'elle dansait la *jota,* armée de castagnettes, pendant le carnaval de 1788. Alexandre de Lameth s'écriait, en l'applaudissant : « La nature lui a dit : Chante, et elle chante ; la nature lui a dit : Danse, et elle danse. » C'était une de ces créatures privilégiées qui n'ont qu'à se laisser vivre pour marcher dans un rayon de lumière, et pour exercer sur quiconque approche d'elles un charme qui est une fascination. Un ancien conseiller du Parlement, le marquis de Fontenay, se passionna pour cette jeune fille, qui tournait toutes les têtes. Il la demanda en mariage, et, comme il était riche, sa demande fut agréée. Beaucoup plus âgé que sa jeune femme, le marquis fut tout fier de la produire dans le monde. Les réunions du château de Fontenay ne tardèrent pas à devenir célèbres. Une fête y fut donnée en l'honneur des membres les plus marquants de l'Assemblée constituante : Vergniaud, Barnave, Robespierre, Camille Desmoulins. Jean-Jacques Rousseau étant le dieu du jour, on fit une fête à la Jean-Jacques. Des jeunes filles en blanc apportaient aux invités des gerbes de fleurs. L'orchestre jouait des airs du *Devin de village*. Florian avait été convié. Cette fête de la nature, la femme qui en avait été la déesse, en rappelait le souvenir, bien longtemps après, dans son château de Chimay, lorsqu'elle disait à ses enfants : « Ah ! ce jour-là, c'était la vraie fête de ma jeunesse ; on ne m'appelait pas Notre-Dame-de-Thermidor, mais les lâches ne m'appelaient pas non plus Notre-Dame-de-Septembre ; j'étais Notre-Dame-de-Fontenay. »

Ces pastorales, ces églogues passèrent vite. Après avoir fait des songes d'or, on se réveilla en pleine Terreur. Au lieu des agneaux à rubans roses, à clochette d'argent, ce furent les loups féroces qui parurent dans la bergerie. Vers la fin de 1793, le marquis de Fontenay et sa jeune femme voulurent quitter la France, pour chercher un refuge en Espagne. De passage à Bordeaux, la marquise y apprit que le capitaine d'un bâtiment anglais, qui devait prendre à bord des suspects, se refusait à les emmener, faute d'une somme de trois mille francs, que les fugitifs ne pouvaient verser. A cette nouvelle, la généreuse Mme de Fontenay s'écria : « Quoi ! tant de monde périrait faute de trois poignées d'or ! » Aussitôt elle monta en voiture, et compta au capitaine les trois mille francs. Puis, sur la place, devant le théâtre, elle s'écriait, heureuse de l'acte de générosité qu'elle venait de faire : « Ah ! que je suis contente de m'être arrêtée à Bordeaux ! » Au moment même où elle prononçait cette parole, elle entendit crier. « La voilà, la voilà, celle qui a sauvé les aristocrates ! » Mme de Fontenay répliqua : « Que me voulez-vous ? Je ne suis pas une ennemie du peuple. Regardez ma cocarde tricolore. Vous le voyez bien, je suis une patriote. » La foule reprenait : « Qu'elle nous donne la liste des aristocrates ! » Pendant ce temps le navire qui portait les fugitifs était parti. Lacombe, président du tribunal révolutionnaire de Bordeaux, parut à ce moment sur la place du théâtre, et fit arrêter Mme de Fontenay. Bientôt après Tallien se trouvait en présence de la belle prisonnière

Tallien était alors en mission à Bordeaux. Le jeune conventionnel terrorisait la ville depuis le mois d'octobre 1793. Malgré sa jeunesse — il n'avait que vingt-quatre ans — ce fils d'un ancien maître d'hôtel du marquis de Bercy, cet ancien prote d'imprimerie dans les bureaux du *Moniteur*, qui avait été tour à tour secrétaire d'Alexandre de Lameth, rédacteur du *Journal des Sans-Culottes* et de l'*Ami des Citoyens*, greffier de la Commune de Paris, membre de la Convention, s'était déjà fait un nom trop célèbre parmi les plus terribles proscripteurs. A la Commune, il avait demandé la démolition des portes Saint-Denis et Saint-Martin, de tous les arcs de triomphe et de tous les autres « symboles du despotisme. » Il avait qualifié les massacres de Septembre de « juste vengeance du peuple, » et, entreprenant à la tribune l'apologie du meurtre, il s'était plu à répéter que les arbres de la liberté devaient être arrosés de sang. Pendant le procès de Louis XVI, il trouvait le moyen d'indisposer, par la violence de son langage, la Convention elle-même. Elle venait de décréter la libre communication du roi et de sa famille. « Vous aurez beau l'ordonner, s'écriait-il, si la Commune ne veut point, cela ne sera pas ! » C'est encore lui qui, après avoir voté la mort de Louis XVI, demandait avec instance, sous prétexte de ne pas prolonger les angoisses du condamné, que l'exécution eût lieu le jour même. Proconsul à Bordeaux, il écrivait à la

Convention le 30 novembre 1793. « La commission militaire marche toujours révolutionnairement ; la tête des conspirateurs tombe sur l'échafaud ; les suspects sont enfermés ; les modérés, les insouciants, les égoïstes sont punis par la bourse. Toute la troupe du Grand-Théâtre a été mise en état d'arrestation. Nous avons détruit ce foyer d'aristocratie. La salle de spectacle a été investie au moment où il y avait plus de deux mille personnes ; tous les gens suspects qui s'y trouvaient sont incarcérés... La guillotine et de fortes amendes vont opérer le scrutin épuratoire du commerce et exterminer les agioteurs. La raison fait ici de grands progrès. L'argenterie arrive en abondance à la Monnaie. Décadi prochain, nous célébrerons le triomphe de la philosophie. »

Michelet a dit de Tallien : « A Bordeaux, il ne fut ni au-dessus, ni au-dessous des fureurs locales. Il les flatta en faisant mettre la guillotine devant ses fenêtres. Cette guillotine, dit-on, lui fut d'un excellent rapport. Tout est commerce à Bordeaux. » C'est encore Michelet qui a tracé ce portrait du même personnage : « Le faux était sa nature, à ce point qu'il n'eut besoin d'une hypocrisie calculée. C'était un clerc de province, qui devint prote d'un journal, journaliste et aboyeur à la suite de Marat. Sa jolie tête, sa figure douce contrastaient avec sa furie sanguine. Il s'injectait à volonté de cette ivresse, et parvenait à devenir à demi fou. Il excellait dans la colère, avec des accès de sensibilité si bien joués qu'il s'y était trompé lui-même, et alors il se croyait bon.... Dans sa royauté de Bordeaux, ce sensible guillotineur apparut un Henri IV doublé de Caligula. »

Quand Tallien fut en face de la marquise de Fontenay, sa prisonnière, ce ne fut pas elle qui tressaillit ; ce fut lui, le proconsul ; lui, qui, d'un mot, pouvait faire tomber cette tête si charmante. Il avait vingt-quatre ans ; elle en avait dix-huit. Il était sensuel jusqu'à la frénésie ; elle apparaissait, même dans les ténèbres d'un cachot, comme l'image, le symbole, la déesse de la Volupté. « C'était, suivant les expressions de Lamartine, une de ces femmes dont les charmes sont des puissances, et dont la nature se sert, comme de Cléopâtre et de Théodora, pour asservir ceux qui asservissent le monde, et pour tyranniser l'âme des tyrans. » Mme de Fontenay, avant cette rencontre terrible dans une prison, n'avait vu Tallien que trois fois : la première, dans l'atelier de Mme Lebrun ; la seconde, chez Alexandre de Lameth ; la troisième, à la Convention. Le souvenir de cette beauté incomparable, de cette reine de la mode, de cette merveilleuse enchanteresse, était resté gravé profondément dans la mémoire du jeune républicain. Lui qui, autrefois, n'aurait pas osé lever les yeux vers cette idole, il frissonna de surprise et de plaisir en la revoyant.

« Elle est à moi ! » s'écria-t-il. Ebloui, fasciné, enivré, il fit à l'instant même ce rêve : arracher cette aristocrate à son mari d'abord, ensuite à la prison ; contraindre le mari à partir pour l'Espagne, faire de la marquise l'ornement de la République, la compagne adorée d'un conventionnel en mission, et ce rêve, à peine conçu, se réalisa. Pour Mme de Fontenay, pas d'autre alternative que Tallien ou la mort. Elle préféra Tallien. Obéit-elle à un entraînement des sens ou du cœur ? Ne céda-t-elle, au contraire, que pour échapper à l'échafaud ? « Quand on traverse la tempête, a-t-elle écrit plus tard, on ne choisit pas toujours la planche de salut. » Nous inclinons à croire que la prisonnière fut intimidée plutôt que séduite, et que l'instinct de la conservation, le désir de sauver sa tête et celle de son mari, la jetèrent dans les bras ensanglantés du proconsul. Assurément, cet homme ne pouvait être son idéal. Elle, douce, bonne, généreuse, pouvait-elle avoir de l'attrait pour quelqu'un qui avait installé l'échafaud devant les fenêtres de l'hôtel où il demeurait ?

Quoi qu'il en soit, on vit la ci-devant marquise se transfigurer avec une rapidité singulière. Un changement absolu s'opéra, comme par magie, dans le langage, les manières, le costume de la grande dame, devenue tout à coup l'inspiratrice d'un parvenu de la Terreur. Les républicains bordelais, en extase devant un beau visage, l'applaudirent avec enthousiasme dans son nouveau rôle. Vêtue en amazone, la tête couverte d'un chapeau à panache tricolore, elle débitait, le Décadi, à l'église des Récollets, transformée en club, de patriotiques homélies, qui faisaient les délices des jacobins de l'endroit. Tantôt elle se promenait dans de splendides équipages, en se drapant avec grâce dans les plis de sa chlamyde grecque ; tantôt elle paraissait debout sur un char, éblouissante de jeunesse, une pique à la main, le bonnet rouge sur la tête, en déesse de la Liberté. Il faut, du reste, lui rendre cette justice qu'elle ne résistait pas à une larme, que son cœur était plein de pitié, que son influence s'exerça d'une manière salutaire, et qu'elle eut le bonheur de tirer un grand nombre de victimes des mains de leurs bourreaux. On trouva, à Paris, que Tallien était trop modéré, et on l'accusa sourdement de se laisser mener par une aristocrate. Depuis assez longtemps déjà, Robespierre redoutait en lui un rival. Il le fit espionner et médita sa perte. Cependant, il n'osait pas encore le frapper. Il se contenta d'abord de le faire rappeler à Paris, au commencement de 1794. Tallien quitta Bordeaux, pour reprendre son siège à la Convention, et la femme qui était son idole le suivit.

VII

LE PROLOGUE DU 9 THERMIDOR

L'audace de Tallien, sa fougue, sa jeunesse, la parole ardente, son art d'entraîner les applaudissements de la Convention et des tribunes, excitaient au plus haut degré les jalousies de Robespierre, homme de haine, qui voyait dans tout orateur un rival, et dans tout rival un ennemi. Cependant, il parvint, quelque temps encore, à dissimuler son projet, qui était d'envoyer Tallien à l'échafaud, et il le laissa présider la Convention, en mars 1794, lors du procès de Danton. De son côté, Mme de Fontenay, qui avait suivi Tallien à Paris, et qui exerçait sur lui un empire absolu, s'imaginait, bien à tort, qu'en donnant bruyamment des gages de son civisme et de ses idées républicaines, elle échapperait à la proscription qui menaçait tant de têtes. Le 24 avril, elle fit à la Convention, présidée, ce jour-là, par Robert Lindet, une sorte d'homélie humanitaire et patriotique, qui n'est pas un des moins curieux documents de cette époque bizarre. « Citoyens représentants, dit-elle, lorsque la morale est plus que jamais à l'ordre du jour de vos grandes délibérations ; lorsque chacune des factions que vous terrassez vous ramène avec une force nouvelle à cette vérité si féconde que la vertu et la vie des Républiques doivent maintenir ce que les institutions populaires ont créé, n'a-t-on pas raison de croire que votre attention va se porter avec un pressant intérêt sur la portion du genre humain qui exerce une si grande influence ? » Après avoir ainsi fait l'éloge de la République, la favorite de Tallien célébra la pudeur. « Ce n'est pas à vous, ajouta-t-elle, qu'on aura à reprocher un jour d'avoir méconnu la pudeur ; et qui peut enseigner la pudeur, si ce n'est la voix d'une femme ? » La ci-devant marquise fit ensuite une motion qui devait la transformer en une sorte de sœur de charité laïque. « Ordonnez, dit-elle, citoyens représentants, ordonnez, nos cœurs vous en conjurent, que toutes les jeunes filles, avant de prendre un époux, iront passer quelque temps dans les asiles de la pauvreté et de la douleur, pour y secourir les malheureux, et s'y exercer, sous les lois d'un régime organisé par vous, à toutes les vertus que la société a le droit d'attendre d'elles. »

S'enthousiasmant de sa propre idée, l'éloquente Egérie de Tallien s'écriait, dans un vrai transport de lyrisme sentimental : « Que sera-ce si les hôpitaux, perdant jusqu'à leur nom odieux pour que rien ne rappelle le souvenir de ces horribles tombeaux, deviennent désormais des temples consacrés à l'Humanité, comme il en existera ailleurs qui seront consacrés à la Justice et à la Raison, si l'on bannit ces images affreuses, ces impressions terribles dont on a eu jusqu'à ce jour la barbarie d'entourer les derniers instants de la vie humaine, pour y faire naître, au milieu des symboles consolateurs, des idées douces, pénétrantes, mélancoliques, telles enfin que l'homme sensible et affligé puisse venir avec confiance y chercher des consolations, sans crainte d'y trouver la terreur ! »

Trop modeste, la belle diseuse — nous sommes forcés de nous servir de cette expression, le mot orateur n'ayant pas de féminin, — oubliait que son apparition dans un hôpital eût troublé le cerveau des pauvres malades, qui, en tombant amoureux, auraient ajouté à leurs souffrances d'incurables peines de cœur. Quelque incrédule souriait peut-être à la pensée de cette espèce de religion nouvelle, dont l'amie de Tallien aurait été la grande-prêtresse, et le programme humanitaire qui sortait de si jolies lèvres rencontrait peut-être plus d'un sceptique. Mais la très grande majorité des auditeurs était sous le charme. Bonne à entendre, surtout bonne à voir, l'ancienne marquise opérait une heureuse diversion dans cette atmosphère conventionnelle pleine d'orages. La

péroraison de son discours parut très réussie.
« Je m'arrête, dit-elle, citoyens représentants, et
me renferme avec une attention respectueuse dans
le vœu que j'ai formé de toute l'ardeur de mon
âme, pour que mon sexe concoure enfin, par les
moyens que la nature lui a dispensés, au plus
grand bonheur de la République. L'usage, si souvent précurseur de vos décrets, a décerné aux
femmes le beau nom de citoyennes. Que ce ne
soit plus désormais un vain nom dont elles se
parent, et qu'elles aussi puissent présenter avec
orgueil, ou plutôt avec confiance, les titres véritables de leur civisme... Celle qui vous adresse
en ce moment l'hommage de ses pensées, de ses
plus intimes sentiments, est jeune, âgée de vingt-
six ans; elle est mère, elle n'est plus épouse;
toute son ambition, tout son bonheur serait d'être
une des premières à se livrer à ces douces et ra-
vissantes fonctions. Daignez accueillir avec intérêt
son vœu le plus ardent, et que, par vous, ce vœu
devienne celui de toute la France! »

La Convention écouta avec sympathie cette
motion, qui fut renvoyée en termes flatteurs à
l'examen d'un comité. La haine de Robespierre
contre Tallien fut encore augmentée par ce succès
de sa favorite. Un mois après, elle faisait son apparition, non dans un hôpital, pour y soigner des
malades, mais dans un cachot, pour y subir elle-
même une rigoureuse captivité. Le 22 mai 1794,
Robespierre avait fait rendre par le comité de

salut public un arrêté portant que « la nommée Cabarrus, fille d'un banquier espagnol et femme du nommé Fontenay, ex-conseiller au Parlement, serait mise sur-le-champ en état d'arrestation. »

Le 27 mai, elle était envoyée à la Force. Sa captivité, soit dans cette prison, soit aux Carmes, soit encore à la Force, devait durer sans interruption deux mois et trois jours, c'est-à-dire ne se terminer que le 30 juillet 1794, (12 thermidor an II). Aux Carmes, elle fut enfermée dans la même cellule que la vicomtesse de Beauharnais et la duchesse d'Aiguillon. « Leur cachot, a dit M. de Lamartine, était une cellule où les assassins de Septembre avaient massacré le plus de prêtres. Deux des égorgeurs, lassés de meurtres, s'étaient reposés un moment et avaient appuyé leurs sabres contre la muraille pour reprendre des forces. Le profil de ces deux sabres, depuis la poignée jusqu'à l'extrémité de la lame, s'était imprimé un peu en silhouette de sang sur l'endroit humide, et s'y dessinait, comme ces glaives de feu que les exterminateurs brandissaient dans leurs mains autour des tabernacles... Jamais la jeunesse, la beauté, l'amour et la mort n'avaient été groupés dans un tel cadre de sang. » Le jour où Mme de Fontenay — on ne l'appelait pas encore la citoyenne Tallien — fut transférée d'une prison à l'autre, le tombereau où elle se trouvait fut arrêté, sur le quai, par un embarras de voitures et accroché à une charrette qui conduisait des victimes à la guillotine. Sur la charrette, il y avait une jeune fille d'une beauté resplendissante, dont les mains étaient attachées derrière les épaules, et dont la bouche tenait un bouton de rose. Les deux femmes se regardèrent et se comprirent. La jeune fille lança le bouton de rose à Mme de Fontenay. La charrette se remit en marche, et la jeune fille partit pour l'échafaud, pendant que la future Notre-Dame de Thermidor, qui retournait en prison, conserva la rose et le souvenir.

Dans son cachot, celle qui allait se nommer bientôt Mme Tallien n'abandonnait pas l'espérance. Cette fleur, épanouie au soleil de la vingtième année, ne voulait pas être fauchée par la mort. Elle aimait la vie, le plaisir, les arts, la nature. Ne se sentant ni assez stoïque, ni assez chrétienne pour trouver dans l'immolation, dans le sacrifice une âpre et austère volupté, cette femme du monde, cette idole, cette déesse n'était pas mûre pour le martyre. Elle ne pouvait s'habituer à l'idée que sa tête radieuse dût tomber dans le panier du bourreau. Au milieu de sa noire prison, elle rêvait aux fêtes éblouissantes dont elle avait été le plus gracieux ornement, à ce flot de courtisans et d'adorateurs, remplacé tout à coup par une escouade de geôliers. Les graves pensées de l'éternité n'étaient point là pour la consoler de l'approche d'un supplice dont elle avait horreur. Elle aurait pu dire, elle aussi, comme la jeune captive d'André Chénier :

Qu'un stoïque aux yeux secs vole embrasser la mort,
Moi je pleure et j'espère ; au noir souffle du nord
    Je plie et relève ma tête.
S'il est des jours amers, il en est de si doux !
Hélas ! quel miel jamais n'a laissé de dégoûts ?
    Quelle mer n'a point de tempête ?

L'illusion féconde habite dans mon sein.
D'une prison sur moi les murs pèsent en vain.
    J'ai les ailes de l'espérance.
Echappée aux réseaux de l'oiseleur cruel,
Plus vive, plus heureuse, aux campagnes du ciel
    Philomèle chante et s'élance...

Mon beau voyage encore est si loin de sa fin !
Je pars, et des ormeaux qui bordent le chemin
    J'ai passé les premiers à peine.
Au banquet de la vie à peine commencé,
Un instant seulement mes lèvres ont pressé
    La coupe en mes mains encor pleine.

Je ne suis qu'au printemps, je veux voir la moisson ;
Et comme le soleil, de saison en saison,
    Je veux achever mon année.
Brillante sur ma tige, et l'honneur du jardin,
Je n'ai vu luire encor que les feux du matin ;
    Je veux achever ma journée.

O mort ! tu peux attendre, éloigne, éloigne-toi ;
Va consoler les cœurs que la honte, l'effroi,
    Le pâle désespoir dévore.
Pour moi Palès encore a des asiles verts,
Les Amours des baisers, les Muses des concerts ;
    Je ne veux pas mourir encore.

Oui, oui, pour la future Mme Tallien, pour l'enchanteresse qui allait présider le salon de l'allée des Veuves, pour la magicienne qui allait être la Reine de la République, les Amours avaient encore beaucoup de baisers, les Muses beaucoup de concerts. Et ce n'était pas seulement l'égoïsme qui lui donnait la passion de vivre, c'était aussi la charité. Elle voulait vivre, et pour elle-même, et pour les autres. Elle voulait, en se sauvant, sauver une foule de victimes innocentes. Le rôle de libératrice, plus que tout autre, flattait la générosité de son cœur. Quant à Tallien, ivre d'amour, haletant, éperdu, il rugissait de douleur et de rage, comme un lion auquel on aurait arraché sa lionne dans sa caverne. Une sorte de délire s'emparait de ses sens et de son âme. Il ne se pardonnait point de n'avoir pas encore brisé les fers dans lesquels gémissait la femme adorée. Le sentiment de la conservation s'unissait dans cette nature ardente à l'ambition et à la volupté. Il savait qu'en sauvant son idole, il se sauverait aussi lui-même. Il savait que Térézia Cabarrus, devenue sa compagne, apparaîtrait aux opprimés comme l'image de la Providence.

Un soir, la prisonnière avait obtenu, par une faveur exceptionnelle de ses geôliers, la permission de descendre dans la cour. Elle remarqua une pierre qui venait de tomber à ses pieds, et, la ramassant, y trouva attaché un billet contenant ces deux lignes : « Je veille sur vous ; tous les soirs, à neuf heures, vous irez dans la cour, je serai près de vous. » Huit jours de suite, elle descendit, à l'heure dite, dans la cour de la prison, et huit jours de suite elle trouva un billet de Tallien, son invisible protecteur. Mais, après ces huit jours d'espérance, on lui défendit de sortir de sa cellule. Elle trouva cependant le moyen de faire parvenir à celui dont elle attendait son salut un présent qui allait tout décider. Ce présent, Tallien le reçut mystérieusement, le matin du 4 thermidor. C'était un poignard espagnol, qu'il avait vu souvent, comme bijou, entre les mains de sa bien-aimée. Il couvrit l'arme de baisers, et comprit parfaitement ce qu'un pareil envoi voulait dire. Alors il eut une de ces inspirations qui donnent aux hommes énergiques, avec une force plus qu'humaine, la certitude de la victoire ou de la mort. Il prit l'inébranlable résolution de jouer le tout pour le tout, de tuer ou d'être tué. Il engagea avec Robespierre un de ces duels terribles qui ne peuvent avoir d'autre issue que la mort d'un des combattants. Il lui semblait que son idole lui redisait le vers du *Cid :*

Sors vainqueur d'un combat dont Chimène est le prix.

Son sang bouillonnait. Il se jetait dans la mêlée, fier, audacieux, plein de confiance en lui-même, regardant avec transport le poignard tutélaire, le poignard sauveur, le poignard qui était un talisman. Arracher la bien-aimée à l'odieuse prison où étaient ensevelis tant de charmes, tant de beauté, tant de prestige, lui prouver qu'elle avait bien fait de se confier à lui, la revoir, la revoir sauvée, triomphante, reconnaissante, la presser sur son cœur, se jeter dans ses bras adorés, transformer la prisonnière en souveraine, faire tomber tout Paris aux genoux de cette déesse, telle était la pensée qui exaltait jusqu'à la frénésie l'esprit et le cœur de l'impétueux jeune homme. Alors il ses sentit comme soulevé de terre par un enthousiasme secret qui le rendit invincible. Robespierre, homme de haine, allait être terrassé par Tallien, homme d'amour.

VIII

Le 9 thermidor an II (27 juillet 1794) les tribunes de la Convention sont pleines dès cinq heures du matin. La séance commence à dix heures. Tallien, un poignard à la main, s'écrie : « J'ai vu, hier, la séance des Jacobins ; j'ai vu se former l'armée du nouveau Cromwell, et je me suis armé d'un poignard pour lui percer le sein, si la Convention n'avait pas le courage de le décréter d'accusation. » Robespierre veut parler. Quelle n'est pas sa surprise, quand lui qui, la veille, d'un seul signe, faisait frissonner ses collègues, et envoyait qui il voulait à l'échafaud, il entend l'Assemblée, hier encore son esclave, crier : « A bas le tyran ! » Le voyez-vous qui se cramponne à la tribune, qui en monte, qui en descend, qui en remonte l'escalier, qui s'épuise en efforts, menaçant, criant, gesticulant, hurlant ; les vociférations de la Montagne et la sonnette du président couvrent sa voix qui s'éteint ; sa langue s'épaissit, sa vue se trouble. « Pour la dernière fois, crie-t-il, écumant de rage, président d'assassins, je te demande la parole ! » Garnier, de l'Aube, le regardant en face, lui dit : « Tu ne peux plus parler. Le sang de Danton t'étouffe ! » Robespierre lui répond : « C'est donc Danton que vous voulez venger ? » Puis il se tourne du côté des bancs de la droite : « C'est à vous, dit-il, c'est à vous, hommes purs, que je m'adresse, et non pas aux brigands ! » — « N'avance pas, crie Féraud, ne sais-tu pas que c'est ici que Vergniaud et Condorcet étaient assis ? » La plaine, d'abord indécise par terreur, s'enhardit par degrés. « Le décret d'arrestation contre Robespierre ! » dit Louchel. Et, sur tous les bancs, au milieu d'un épouvantable tumulte, retentit le cri : « Aux voix ! aux voix ! » On décrète l'arrestation de Robespierre, de son frère, de Couthon, de Saint-Just, de Lebas. Puis la séance est suspendue pour deux heures, à cinq heures du soir. Elle est reprise à sept.

Pendant l'interruption, la Commune s'est soulevée. Elle a délivré Robespierre et ses quatre collègues, qui ont été conduits triomphalement à l'Hôtel de Ville, et acclamés. Au moment où elle rentre en séance, la Convention se croit arrivée à sa dernière heure. Le vice-président du tribunal révolutionnaire, Coffinhal, fait pointer contre elle des pièces d'artillerie. Mais des députés ont le courage de se jeter au milieu des canonniers, et de les empêcher de tirer. A minuit, les sections des quartiers riches se mettent en marche contre l'Hôtel de Ville, le cernent, occupent la place aux cris de : « Vive la Convention ! » et pénètrent victorieusement dans la salle des séances de la Commune. Robespierre se sent alors perdu. Voulant se tuer, il ne parvient qu'à se fracasser la mâchoire d'un coup de pistolet : son frère se jette par une fenêtre ; Lebas se brûle la cervelle ; Couthon et Saint-Just restent immobiles.

Pendant ce temps, les prisons sont au comble de la terreur. On s'y attend à une extermination générale, à un massacre plus vaste que celui de Septembre. La prison du Plessis, qu'on appelle l'antichambre de la guillotine, croit que l'on commencera par elle. Quand le son aigu, perçant, du petit tocsin de l'Hôtel de Ville retentit dans la nuit comme un glas funèbre, les prisonniers se font des remparts de bancs et de chaises, préparant contre le massacre qu'ils attendent une défense opiniâtre et désespérée. Même émotion au Luxembourg, aux Carmes, à la Conciergerie. Quelle nuit pour les détenus que cette nuit du 9 au 10 thermidor, où tous, suspendus entre la vie et la mort, ils tressaillent au moindre bruit, en proie à d'indescriptibles angoisses ! Cette nuit, elle sera plus fatale encore à Robespierre. On le conduit de l'Hôtel de Ville aux Tuileries, dans la salle des séances du Comité de salut public. On l'y étend sur une table recouverte d'un tapis vert, que son sang tache, et on lui donne pour oreiller une vieille botte renfermant des échantillons de pain de munition moisi. Il n'a pas de souliers. Ses bas tombent sur ses talons, ses culottes de nankin sont déboutonnées, son habit bleu barbeau, le même qu'il avait le jour de la fête de l'Être Suprême, est souillé. Ses mains, qu'il met d'abord devant sa figure, pour la cacher, errent ensuite sur la table, et trouvent, en tâtonnant, un sac de peau dont il se sert pour essuyer le sang qui coule de sa mâchoire fracassée. On regarde ce sac, il porte écrites l'adresse et l'enseigne du marchand Lecourt : *Au grand monarque.* Le dictateur vaincu reste là, pendant plusieurs heures, exposé à tous les outrages de ses flatteurs de la veille, qui viennent lui cracher au visage, le frapper, l'accabler d'invectives et de quolibets. On le raille, on lui crie en ricanant : « Votre Majesté ! Ton Être Suprême ! » Et lui, farouche, anéanti, écrasé, il lance, vivant cadavre, des regards hébétés et sinistres. Qui serait tenté de le plaindre se rappelle le sang des femmes versé par lui, ce sang qui a une vertu effrayante d'expiation et de représailles. On se souvient de Marie-Antoinette, de Mme Elisabeth, de Mme Roland, de Lucile Desmoulins, de Cécile Renaud, et de cette ouvrière de seize ans, cette pauvre petite Nicole, dont le seul crime était d'avoir porté à manger à une prisonnière, et qui, s'ajustant elle-même sur la planche de la guillotine, dit au bourreau de sa voix d'enfant : « Monsieur, suis-je bien comme ça ? »

Le matin du 10 thermidor, Robespierre est conduit à la Conciergerie, où on l'enferme dans un petit cachot, situé entre celui qu'avait occupé Marie-Antoinette et celui où les Girondins avaient célébré leur dernier banquet. Dans la journée, on l'amène, pour la forme, au tribunal révolutionnaire, où, sur la simple constatation de son identité, il est condamné à mort, en même temps que vingt de ses partisans. Entre quatre et cinq heures du soir, les vingt et un condamnés montent sur la charrette, et partent pour la place où Louis XVI et tant de leurs victimes avaient été guillotinés. Une foule immense se presse dans la cour du Palais de Justice. « Allons, s'écrie le guichetier, place à l'incorruptible ! » Les charrettes se mettent en marche. Partout, pendant le trajet, le peuple force les chevaux à n'aller qu'au petit pas. On veut regarder plus à l'aise, plus longtemps, Robespierre. Pas un regard qui ne le foudroie, pas une bouche qui ne l'invective, pas un poing qui ne se lève pour le menacer. Les langues si longtemps enchaînées se délient. On se dédommage avec frénésie de vingt mois de silence et de terreur. La joie tient du délire. Les imprécations se mêlent aux applaudissements, et les injures à l'allégresse. Robespierre, toujours vêtu de son fameux habit bleu barbeau, la tête défigurée par les linges sanglants qui l'entourent, les yeux presque fermés, les traits décomposés par la souffrance, livide comme un cadavre,

lugubre comme un spectre, n'inspire pourtant
de compassion à aucun spectateur. Quand il
arrive rue Saint-Honoré, en face de l'Assomption,
devant son domicile, la maison du menuisier
Duplay, le peuple force la charrette à s'arrêter,
et se met à chanter, à danser en rond. Enfin le
cortège funèbre se remet en marche, mais Robespierre n'en a pas encore fini avec les anathèmes.
Rue Royale, une femme se cramponne à la charrette, et crie : « Monstre vomi par les enfers, ton
supplice m'enivre de joie. Je n'ai qu'un regret,
c'est que tu n'aies pas mille vies, pour jouir du
plaisir de te les voir arracher toutes l'une après
l'autre. Va, scélérat, descends au tombeau, avec
les malédictions de toutes les épouses et de toutes
les mères de famille ! » Voici les voitures par-
venues au milieu de la place de la Révolution, à
cet endroit où les bœufs se refusent à passer, tant
il exhale l'odeur du sang. Robespierre, des vingt
et un condamnés, montera le dernier sur l'échafaud. Posé à terre, il attend son tour.

Ecoutons Arnault, témoin oculaire du supplice :
« Aussi féroce que tout le monde, j'en conviens,
je courus au lieu de l'exécution, moins toutefois
pour repaître mes yeux des souffrances de ce
monstre que pour me convaincre par mes yeux
de la mort de celui dont la vie menaçait celle de
tout ce qui avait vie. J'y courais chercher la
certitude qu'il ne s'était pas échappé comme la
veille. Je l'eus. Un cri que la douleur lui arracha,

quand on lui enleva l'appareil qui recouvrait sa blessure, interrompit, pour la première et dernière fois, le silence qu'il gardait depuis vingt-quatre heures; et, à l'instant, de la même place où j'avais vu disparaître Danton, je vis disparaître Robespierre. Le sentiment universel sur la fin de cet homme à jamais exécrable est assez bien exprimé dans cette naïve épitaphe:

> Passant, ne pleure pas mon sort:
> Si je vivais, tu serais mort.

« Voilà pourtant les hommes dont quelques insensés ont osé se faire les apologistes! Voilà pourtant les hommes et les temps qu'ils se sont efforcés de nous rendre ![1] »

Quand Robespierre fut sur la guillotine, quand le bourreau, lui arrachant les linges qui bandaient la plaie de sa mâchoire, livra, pendant quelques instants, son visage sanglant et livide aux regards de la foule, quand sa tête tomba sous le couperet, un tonnerre d'applaudissements éclata.

« Le lendemain du 9 thermidor, a dit Edgar Quinet, doit achever de démontrer aux plus aveugles que Robespierre n'avait rien fondé dans les esprits; qu'excepté son petit groupe de fidèles retirés à la Commune, tous furent indifférents ou hostiles; que, loin de s'approcher de son but, il s'en éloignait chaque jour davantage; que ses partisans, au lieu d'augmenter, diminuaient,

---

1. Arnault. *Souvenirs d'un Sexagénaire.*

que ses ennemis seuls s'accroissaient à vue d'œil ;
que, voulant frapper des deux côtés, il n'avait
frappé que lui-même ; que chez lui Marius dé-
truisait Sylla, et Sylla Marius ; qu'au lieu d'être
en état de restreindre la Terreur, il était obligé
de l'outrer chaque jour ; qu'en messidor son agent
demandait trois mille têtes pour le seul département de Vaucluse ; qu'il ne pouvait ni maintenir
l'horreur, ni en sortir ; qu'ainsi, par tous les côtés,
le faux de son système éclatait, et se tournait
contre lui. » Edgar Quinet ajoute à ce jugement:
« Une pensée du moins n'était jamais venue aux
contemporains de Robespierre. C'est de le supposer étranger à la Terreur. Fausse réhabilitation ! Sans la hache que devient cette figure ?
Qui peut se la représenter ? Laissez-lui au moins
sa grandeur sauvage ; elle doit faire peur encore
à la postérité. »

La tête de Robespierre était tombée à cinq
heures du soir. Une heure plus tard, les détenus
de la prison du Plessis aperçurent les habitants
des rues voisines, qui, montés sur les toits de leurs
maisons, criaient : « C'est fini, Robespierre est
mort. » Alors, les prisonniers, qui étaient séparés des femmes, se précipitèrent, rompirent
les barrières, et trouvèrent les captives, blotties
dans les coins, mortes de peur, anéanties. On
s'embrassa, on pleura, on croyait sortir de la
tombe. Ce fut dans toutes les prisons la même
explosion de joie, le même délire.

IX

Les dernières semaines de la Terreur avaient été horribles, même pour ceux qui n'étaient pas emprisonnés. Paris ressemblait plutôt à un repaire de brigands qu'à la capitale de la civilisation. Nul provincial, nul étranger ne venait dans cette ville où l'espionnage était à toutes les portes, la délation à tous les foyers. Chacun tremblait. Riches et pauvres, aristocrates et gens du peuple, se trouvaient également menacés. Les chaleurs avaient été sénégaliennes. Au physique, comme au moral, on étouffait. Charles Nodier a décrit le spectacle que présentaient les Champs-Elysées aux rares individus qui s'y promenaient. « Sous les arbres, les oreilles étaient poursuivies par des chants, des chansons atroces et des propos sanglants. Le gouvernement entretenait des chanteurs débitant des épigrammes sur les malheureux qui avaient été mis à mort quelques jours auparavant. Çà et là étaient exposées en vente de petites guillotines, et, comme si on eût voulu que les enfants s'accoutumassent à jouer à ce jeu, on avait substitué, dans la parade de Polichinelle, à la scène de la potence celle de la guillotine. » Ce n'est pas seulement l'indignation qui était interdite ; la douleur elle-même était prohibée. Les cœurs n'osaient plus battre. Il fallait supprimer tous les sentiments de la nature, toutes les émotions de l'âme humaine. La pitié, si longtemps comprimée, fit enfin explosion le 10 thermidor. Cependant ce jour-là, on redoutait encore la continuation de la Terreur. Le matin, Barrère annonçait à la Convention que « la force du gouvernement révolutionnaire allait être centuplée par la chute du tyran qui entravait sa marche ; que les comités, épurés, allaient reprendre une nouvelle énergie, » et il demandait le maintien de toutes les lois révolutionnaires, et surtout du tribunal tel qu'il était composé, même avec Fouquier-Tinville.

Les prisonniers ne furent pas immédiatement relâchés. Il y eut des vérifications, un examen des causes de l'arrestation et de la qualité des personnes, qui demandèrent quelques jours, même pour les plus favorisées. Mme de Fontenay ne sortit de prison que le 12 thermidor, Mme de Beauharnais que le 14.

La foule regardait avec émotion les captifs retrouvant enfin la liberté. Ces longues files de prisonniers ressemblaient à des revenants. On aurait cru que, comme le Dante, ils avaient visité l'enfer. En se sentant libres, en respirant le grand air, ils doutaient encore de leur délivrance. Ils étaient assaillis par des apparitions funèbres : le tribunal révolutionnaire, la charrette, l'échafaud. Il leur semblait que leurs geôliers, leurs juges, leurs bourreaux les poursuivaient, et ils croyaient entendre encore le bruit des chaînes ou du couperet. En voyant sortir de prison les suspects, le peuple s'aperçut que toutes les classes de la société avaient été également frappées, et que la Terreur s'était montrée aussi absurde qu'impitoyable.

Michelet, dans le premier volume de son *Histoire du XIXe siècle*, a décrit très exactement cette sortie des prisons : « Les sortants ayant usé leurs habits, allaient la plupart en costumes de fantaisie, misérables, pauvres diables, souvent les coudes percés. Cela amusait, touchait. Aristocrates ou non, ils étaient devenus peuple, avaient reçu visiblement le baptême de l'égalité. » Les révolutionnaires avaient été suspects comme les réactionnaires. Qui sortait du Plessis ? C'étaient les défenseurs de Nantes, ceux-là mêmes qui avaient repoussé les Vendéens. Qui sortait de la Conciergerie ? C'était Hoche, le meilleur des généraux de la République ; Hoche, qui, sans le 9 thermidor, aurait été récompensé par le supplice de la conquête du Rhin. « On disait : c'est la République qui sort aujourd'hui de prison ! on pouvait dire : la Liberté ! quand on vit sortir

Thomas Payne, ce grand citoyen des deux mondes, libérateur de l'Amérique, qui nous avait cependant préférés, s'étant fait Français. On pouvait dire : la France même, en ses noms les plus aimés, artistes, écrivains, poètes, la plupart bien inoffensifs! ce Florian tant chanté, ce Parny, dont tous les Français savent les vers par cœur; Delille, qu'avait sauvé Chaumette!... Les femmes faisaient pitié. On lisait à leurs figures pâles quelle avait été leur terreur. Aux derniers mois surtout, n'ayant plus qu'une pensée, elles avaient oublié tout soin de leur personne. Celles du Plessis, n'ayant plus que des caracos de toile, semblaient de misérables ouvrières. Ailleurs, où elles avaient encore de belles jupes d'autrefois, dans quel état étaient-elles ? fripées, tachées et flétries! »

Les femmes qui vivaient encore se relevaient, tout étourdies de leur chute, et toutes surprises de n'être pas broyées. La transition entre le désespoir et le salut avait été si rapide, qu'on se réveillait comme après un long cauchemar, qui fait que, les yeux ouverts, on croit dormir encore. Pauvres femmes! Que d'angoisses même dans leur liberté! Que de fatales nouvelles on apprenait au seuil de la prison d'où l'on partait! Comme Paris était transformé Que devenir ? Où aller ? Où chercher un refuge ? De qui implorer la pitié ? On distinguait bien son ancienne demeure, mais on ne pouvait plus y rentrer : c'était une propriété nationale. L'herbe poussait dans les rues et les cours du faubourg Saint-Germain désert. En retrouvant dans cette cité de deuil les vestiges de leur ancienne prospérité, les riches et les nobles d'autrefois, ayant tout perdu, leurs parents, leurs amis, leur fortune, leurs titres, leurs terres, leurs hôtels, étaient frappés de stupeur. Les naufragés se retrouvaient nus et dépouillés sur la plage.

Que de souffrances subsistaient ! Que d'ouvriers sans travail, que de boutiques encore fermées ! Sous la Terreur, comme on forçait de vendre à perte, c'était à qui ne vendrait pas. Le commerce n'allait reprendre que bien lentement. Les hommes substituaient à la carmagnole des habits ; mais comme ces habits étaient simples ! « Les femmes (sauf un ruban peut-être) n'achetaient encore rien du tout. Elles étaient fort malheureuses. Il était grand temps que la vie ordinaire, le train du monde reprît. Elles mouraient de faim. Telle comtesse cousait des chemises ; telle marquise était ravaudeuse ; d'autres allaient humblement offrir des leçons de clavecin, ou vous forçaient de laisser faire votre portrait. Mais, souvent, leurs petits talents d'agrément, jadis tant loués, aujourd'hui mis à des épreuves sérieuses, leur valaient de durs compliments. Après cent courses dans la boue, mal accueillies, mal payées, elles remontaient en pleurant manger leur pain sec au grenier. »

Mme de Beauharnais trouva un refuge, avec ses enfants, à Fontainebleau, chez son beau-père. L'âme de ce vieillard était brisée par la mort de son fils chéri, Alexandre ; le deuil était dans sa maison, et, presque ruiné, il avait de la peine à nourrir sa belle-fille et ses petits-enfants. Mais au moins Joséphine avait un toit pour s'abriter, tandis que bien d'autres femmes, autrefois heureuses et fortunées, n'avaient plus de famille, plus de domicile. Leurs maisons étaient fermées, démeublées, scellées, vendues. Le monde se rouvrait à elles en ruines, vide et désert. Parfois une personne charitable, une marchande, une ancienne domestique, donnait un pauvre asile à ces grandes dames privées de tout. On se gênait, on se serrait ; on partageait le peu de pain qu'on avait, dans ce temps-là où à la Terreur succédait la famine. Et cependant, au milieu de tant d'épreuves et après de si terribles catastrophes, avec les souffrances du présent et les menaces de l'avenir, on n'était pas encore trop triste. Michelet raconte qu'il demanda bien souvent aux gens qui avaient vu cette époque : « — Que pensait-on, que voulait-on, au mois d'août 1794, après cette secousse immense ? — Vivre ! répondaient-ils. — Et quoi encore ? — Vivre ! — Et qu'entendez-vous par là ? — Se promener au soleil, sur les quais, sur les boulevards, respirer, regarder le ciel, les Tuileries un peu jaunissantes, se tâter et se sentir la tête sur les épaules, se dire : Mais je vis encore ! »

— On arrivait à la place de la Concorde ; on admirait les loisirs de la guillotine ; elle commençait un long chômage. Qu'allait devenir Samson ? On en fit une gravure, où l'on voyait l'infortuné qui, désolé de ne rien faire, se guillotinait lui-même. Petit à petit, on renaissait à l'existence ; on faisait entre amis, entre parents, des dîners bien modestes, mais où la joie de se revoir, de se parler, de se raconter les épreuves par lesquelles on avait passé suppléait à la simplicité du repas. Chaque convive avait la discrétion d'apporter dans sa poche son petit morceau de pain, car le pain était alors un objet de luxe. La mise était aussi simple que la table. Telle grande dame devait rester en chemise pour laver ou pour raccommoder son unique robe.

La réaction thermidorienne faisait chaque jour des progrès ; mais les terroristes ne désarmaient pas : ils étaient convaincus que, tant que le club des Jacobins subsistait, ils pouvaient prendre leur revanche. Billaud-Varennes disait : « Le lion n'est pas mort quand il sommeille, et, à son réveil, il extermine tous ses ennemis. » Les émigrés ne rentraient pas, et personne n'eût encore osé prononcer le nom de royauté. Les monarchistes eurent besoin d'environ cinq mois pour se ranimer un peu. Au lendemain du 9 thermidor, leurs agences étaient encore dans des cachettes, des caves, des greniers. Chacun se demandait si la Terreur n'allait pas recommencer, et chaque discours violent à la Convention ou au club des Jacobins réveillait les anciennes inquiétudes. Plus d'un conventionnel, qui avait puissamment contribué au 9 thermidor, n'ayant eu d'autre idée que de sauver sa tête, prétendait encore menacer celle des autres ; il avait voulu supprimer Robespierre, et non la Terreur. Mais l'opinion publique fut plus forte que ce calcul. Le parti de la justice et de l'humanité finit par prévaloir. Toute la nation cria que la journée avait été contre la tyrannie, et cette croyance la fit finir. Après quelques instants d'hésitation et un reste de frayeur, la réaction s'organisa. L'heure approchait où la *jeunesse dorée* allait, avec ses cannes et ses gourdins, avoir raison des derniers terroristes, et fermer le club des Jacobins, cette dernière citadelle des hommes qui regrettaient Robespierre.

X

LA JEUNESSE DORÉE.

Le triomphe de la jeunesse dorée, c'est la revanche du plaisir contre l'ennui, de la sécurité contre la terreur, de la vie contre la mort. C'est la gaieté, la danse, la musique, l'amour. Assez de brouet noir! assez de Jacobins! assez de guillotine! On est en république, mais au moins qu'elle soit athénienne! Et que les buveurs de sang rentrent sous terre! La presse, redevenue libre, poursuit avec acharnement la *queue de Robespierre;* le journal de Fréron, l'*Orateur du Peuple*, invite la jeunesse dorée « à sortir de son sommeil léthargique pour venger les vieillards, les femmes et les enfants, en exterminant les massacreurs. » Les jeunes gens qui ne prendraient point part à ce mouvement réactionnaire seraient mis à l'index par les jolies femmes. Ce sont elles qui arment du bâton vengeur le bras de leurs amoureux; ce sont elles qui, par leurs sourires, leurs félicitations, leur tendresse encouragent la bande des muscadins, la jeunesse dorée. Ces muscadins, ce ne sont pas des nobles — les nobles ne reviendront que plus tard de l'émigration — ce sont des bourgeois, de petits rentiers, des commerçants, des commis de magasin. Les voilà embrigadés, pleins d'ardeur, de confiance en eux-mêmes, décidés à aller jusqu'au bout. Ils se sentent soutenus par l'opinion publique et sûrs de la victoire. Aussi, comme ils sont vigoureux, alertes, prêts à la lutte! Rien ne les amuse plus qu'une dispute ou une rixe. Habiles aux exercices du corps, bons joueurs de paume, grands coureurs au Champ-de-Mars, ils cherchent les occasions de montrer leur force physique. On les retrouve partout avec leur allure fière, leur mine provoquante, dans les promenades, les cafés, les théâtres. Ils n'ont besoin ni d'épées, ni de poignards, ni de pistolets. Leur bâton leur suffit pour se frayer la route au milieu des attroupements, et pour frapper quiconque semble vouloir les regarder d'un mauvais œil. Le *Père Duchesne* essaierait en vain de prendre sa grosse voix. Ses grandes colères ne feraient plus trembler. C'est à peine si elles feraient rire. La voyez-vous, la bande de la jeunesse dorée, qui va, le soir, rue Saint-Honoré, invectiver les Jacobins se rendant à leur club ? Les marchands des quartiers réactionnaires envoient, après souper, la foule de leurs commis prêter main-forte aux Muscadins. Le temps n'est plus où l'on se vantait d'une carmagnole comme d'un manteau de triomphe, où le nom de sans-culotte était un titre de gloire. L'aristocratie des haillons abdique. Les bonnets rouges vont disparaître, tout comme les talons rouges ont disparu. Écoutez la chanson à la mode :

> Rhabillez-vous, peuple français,
> Ne donnez plus dans les excès
>   De nos faux patriotes ;
> Ne croyez plus que d'être nu
> Soit une preuve de vertu,
>   Remettez vos culottes.
>
> Distinguez donc l'homme de bien
> Du paresseux et du vaurien
>   Et des faux patriotes ;
> Peuple honnête et laborieux,
> Ne vous déguisez plus en gueux,
>   Remettez vos culottes.
>
> Ne jugez jamais sur l'habit
> Du sot ou de l'homme d'esprit,
>   Ni des bons patriotes ;
> Bourgeois, rentiers, richards, marchands,
> Feraient périr mille artisans,
>   S'ils allaient sans culottes.
>
> De l'homme soutenez les droits,
> Mais sans désobéir aux lois,
>   Soyez bons patriotes ;
> Concitoyens, sans vous fâcher,
> Cachez ce que l'on doit cacher,
>   Remettez vos culottes !

Mais il y a certains concitoyens qui se fâchent ; les Jacobins ne veulent pas fermer leur club ; les terroristes méditent la revanche. Alors les Muscadins, qui ont d'abord ri, s'indignent. Ils s'apprêtent à une lutte décisive. Voici déjà qu'ils ont leur *Marseillaise*, leur chant de guerre. C'est l'hymne qui va devenir fameux : *le Réveil du Peuple*.

Un soir, au théâtre de la République, rue de Richelieu, on donne la première représentation d'une pièce intitulée : *la Bayadère*. L'auteur est une femme, une actrice du théâtre, la jolie et spirituelle Mlle Candeille, dont une autre pièce, *la Belle Fermière*, a eu beaucoup de succès. Mais Mlle Candeille a figuré, par réquisition, plus que par zèle, dans les fêtes populaires, comme déesse de la Raison ou de la Nature. On l'a vue sur les brancards des sans-culottes portée processionnellement dans les rues. Ce souvenir indispose le public. Il siffle la *Bayadère*, qui tombe à plat. Au moment où le rideau se relève pour la seconde pièce, un papier est jeté sur le devant de la scène. Le parterre crie : « Lisez le papier. » C'est un coup monté. On veut que le lecteur soit un nommé Fusil, comédien subalterne, qui s'est signalé par ses excès révolutionnaires à Lyon. Fusil se trouble, il ne peut pas lire. Alors on appelle Talma, Talma, l'ami des Girondins. Le grand artiste prend la parole ; il se recommande de la mémoire de ses amis morts sur l'échafaud : puis, tandis que Fusil, à genoux, tient un flambeau, pour l'éclairer, il lit, de sa voix la plus tragique, le papier qui émeut tant le public. Ce sont des vers, des strophes vengeresses :

Peuple français, peuple de frères,
Peux-tu voir, sans frémir d'horreur,
Le crime arborer la bannière
Du carnage et de la terreur ?
Tu souffres qu'une horde atroce
Et d'assassins et de brigands
Souille de son souffle féroce
Le territoire des vivants.

Quelle est cette lenteur barbare ?
Hâte-toi, peuple souverain,
De rendre aux monstres du Ténare
Tous ces buveurs de sang humain.
Guerre à tous les agents du crime !
Poursuivons-les jusqu'au trépas !
Partage l'horreur qui m'anime.
Ils ne nous échapperont pas.

Ah ! qu'ils périssent ces infâmes,
Et ces égorgeurs dévorants,
Qui portent au fond de leurs âmes
Le crime et l'amour des tyrans !
Mânes plaintifs de l'innocence,
Apaisez-vous dans vos tombeaux !
Le jour tardif de la vengeance
Fait enfin pâlir vos bourreaux.

Voyez déjà comme ils frémissent !
Ils n'osent fuir, les scélérats !
Les traces du sang qu'ils vomissent
Bientôt décèleraient leurs pas.
Oui, nous jurons sur votre tombe,
Par notre pays malheureux,
De ne faire qu'une hécatombe
De ces cannibales affreux.

A la voix vibrante de Talma, tous les cœurs tressaillent. De strophe en strophe, l'indignation contre les Jacobins s'accroît, va jusqu'au paroxysme. Les yeux sont pleins d'éclairs. Les applaudissements et les cris retentissent, comme un ouragan formidable. C'est de la colère, du délire, de la frénésie. La pièce de vers que vient de lire l'illustre tragédien a pour titre : *le Réveil du Peuple*. Bientôt elle sera mise en musique. On va la chanter dans les théâtres, dans les rues, à Paris d'abord, puis dans toute la France. A la Convention, avant l'ouverture des séances, elle sera entonnée en chœur dans les tribunes, sans que le président essaie de faire faire silence. Les Muscadins ne se possèdent plus de joie. Leur gourdin leur paraît être un sceptre. Au Perron, rue Vivienne, au Palais-Royal, ils apparaissent en triomphateurs. Ils prennent des airs d'ancien régime. Le soir, aux galeries de bois, ils piaffent, jouant aux marquis, en attendant que les marquis reviennent.

Et cependant rien n'est fait, tant qu'il reste quelque chose à faire. Il y a encore un dernier repaire à forcer : le club des Jacobins. « Qui croirait, dit Michelet, que cette société des Jacobins, réduite à cinq ou six cents personnes, qui criait dans le désert, pût paralyser Paris ? Eh bien ! tant qu'on l'entendait, on restait comme suspendu, on ne faisait rien, on n'achetait rien. On se disait : « Il faut voir ! Si la Terreur revient demain ? » Ni les poches ni les cœurs ne pouvaient se dilater. Cette voix qui disait toujours : terreur, échafaud, guillotine, était comme un glas sinistre sonnant une même note : la mort. Elle rappelait la clochette aiguë de l'Hôtel de Ville, qui, dans la nuit de Thermidor, glaça tellement les esprits. »

En avant donc, les Muscadins ! en avant la Jeunesse dorée ! Mme Tallien — car c'est ainsi que s'appelle maintenant l'ancienne marquise de Fontenay — Mme Tallien vous encourage. Elle vous pousse à l'assaut du club des Jacobins. Elle vous fera mettre la clef sur la porte de cet antre du terrorisme.

Le 19 brumaire, an III (9 novembre 1794), au moment où la séance des Jacobins va commencer, et où les femmes entrent dans les tribunes, une trentaine de Muscadins stationnent aux portes de la salle, et injurient les anciennes furies de la guillotine, qu'ils reconnaissent. Dans la salle, Carrier, dont la Convention est en train de décider le sort, fait l'objet de tous les entretiens. Au dedans, comme au dehors, l'agitation est à son comble. La troupe arrive pour rétablir l'ordre aux abords du club. On porte sur un brancard un jeune homme blessé. Les Muscadins s'écrient : « En voilà un que les Jacobins ont assassiné. Ils veulent sauver Carrier. Ils assassinent le peuple ! » Des représentants arrivent à cheval. Un homme, vêtu en charbonnier, leur dit : « Ils ont tué mon frère, ils ont égorgé cent mille Français. » L'ordre se rétablit peu à peu. Les femmes s'en vont, chacune au bras d'un homme. C'est l'avant-dernière séance des Jacobins.

Leur dernière séance a lieu le lendemain. Ils ont essayé de faire croire que la veille leurs sœurs avaient été frappées et violées. Mais leurs plaintes

6

n'ont pas eu d'écho dans le public. Les femmes viennent, comme à l'ordinaire, dans les tribunes du club. Dès six heures du soir, elles sont à leur poste. A sept heures, les hommes entrent dans la salle. Ils chantent la *Marseillaise*, comme pour s'enhardir à la lutte. Mais les réactionnaires ripostent en chantant le *Réveil du Peuple*. Au même moment les Muscadins envahissent la cour. Les Jacobins ont fait vainement appel aux sections révolutionnaires des faubourgs. Personne ne vient les secourir. Il faut quitter la salle. Les *tricoteuses* s'en vont confuses. Les Terroristes sont heurtés, culbutés, et finissent par sortir aussi, protégés par une double haie de soldats qui empêchent le tumulte et les rixes. Les représentants, amis de Mme Tallien, ferment alors à clef les portes de cette salle, d'où avaient été déchaînées de si terribles tempêtes. Ils mettent les scellés sur ce local jadis si redoutable. C'en est fait, le club des Jacobins a vécu.

XI

LA SOCIÉTÉ EN L'AN III.

Les Jacobins fermés, Paris respira. Ils avaient .
tant parlé de la mort, qu'à leur clôture il sembla
que la mort était supprimée. Alors ce fut une véritable explosion de joie. On oublia tout ce qu'on
avait souffert. On espéra qu'on ne souffrirait
plus. Se réveillant comme au sortir d'un mauvais
rêve, il arriva aux Parisiens ce qui arrive aux
soldats le soir d'une grande bataille. Le sol était
jonché de tant de cadavres, et il y aurait eu tant à
pleurer qu'on ne pleura plus du tout. Comme dans
les temps d'épidémie, le grand nombre des catastrophes émoussa la sensibilité. Sans doute une société plus sérieuse, et surtout plus chrétienne, serait
sortie, purifiée par le baptême du sang, du gouffre
où la Terreur l'avait plongée. Elle aurait offert
à Dieu ses souffrances ; elle y aurait vu la juste
punition de l'impiété et des scandales de tout un
siècle. Son attitude aurait été triste, recueillie,
austère. Mais de pareils sentiments n'existaient
que dans un petit nombre d'âmes d'élite. Paris

n'était ni régénéré, ni converti. Il avait des regrets plutôt que des remords. Ce qu'il regrettait, c'était l'élégance, le plaisir. Il trouvait que la Terreur avait été maussade autant qu'odieuse, et lui reprochait d'avoir mal connu le caractère français. Paris, à son réveil, se montra aussi léger qu'au temps de la Régence. De même que les grands malheurs de la guerre de succession ne lui avaient inspiré aucune idée grave, de même les cataclysmes de la Terreur ne le ramenèrent pas aux principes de religion et de morale. La grande préoccupation fut de danser. Partout s'ouvrirent des bals publics. On se sentait pris d'une joie folle en dansant sur le volcan qui venait de s'éteindre. On transforma en salles de bal même des cimetières. Sur la porte sculptée de celui de Saint-Sulpice, au-dessous de l'inscription latine : *Has ultrà metas beatam spem expectantes requiescunt*, on lisait l'enseigne : *Bal des Zéphirs*. Les parents des guillotinés se donnaient des fêtes spéciales, les *bals des victimes*. Pour y être admis, il fallait justifier d'un parent mort sur l'échafaud. On y dansait en deuil, avec un crêpe au bras.

Dans toutes ces fêtes à bon marché, point de grandes toilettes, point d'apparat, point de luxe. Personne ne parle encore de royalisme. Les émigrés ne sont pas revenus. Le langage reste familier. On n'est pas encore arrivé aux phrases quintessenciées, aux vêtements prétentieux qui seront de mode sous le Directoire. Le temps des incroyables et des merveilleuses n'est pas venu. C'est dans les bals publics que les jeunes filles viennent chercher des maris. On se marie beaucoup après la Terreur. On dirait qu'on a hâte de combler dans la population les vides qu'y a faits la guillotine. Le commerce reprend un peu. Les murs sont bariolés d'affiches de cent couleurs. Il y a du monde dans les restaurants. Les hôtels garnis se remplissent de voyageurs. Les concerts du théâtre Feydeau (situé sur l'emplacement où l'on ouvrira plus tard une partie de la rue et de la place de la Bourse) ont une vogue incroyable. Trois jours d'avance on fait queue au bureau, pour obtenir une place, et pouvoir applaudir le chanteur Garat, dont le succès va aux étoiles. On s'amuse sans faste, sans prétention, mais avec un entrain extraordinaire. Les fonctionnaires n'étalent aucun luxe, et les ministres n'ont pas plus d'apparat que les autres citoyens. Ne jouissant que d'un médiocre traitement en assignats, ils n'ont pas de frais de représentation, et ce qu'on appelle dans d'autres temps le monde officiel n'existe pas. Mais les liens sociaux se renouent graduellement. La France cesse d'être, pour elle-même et pour l'étranger, un objet d'épouvante. Les individus et les familles que la Terreur avait isolés recommencent à se réunir.

La justice et l'humanité sont à l'ordre du jour, même à la Convention. Le 18 frimaire an III (8 décembre 1794), elle rappelle dans son sein les soixante-treize députés détenus par suite des événements du 31 mai 1793. Le 1er nivôse (21 décembre), elle rend un décret qui rapporte les lois du *maximum*. Toutes les conditions économiques se trouvent ainsi changées, et du même coup la moralité et la légitimité des actes. Hier, on vous aurait coupé le cou pour des transactions qui, aujourd'hui, sont complètement licites. Le luxe reparaît donc, mais encore timidement. Ce ne sont plus les magnificences d'autrefois, mais c'est de la propreté, un certain décorum, presque l'élégance. Les jeunes gens ne redoutent plus de se faire habiller chez un tailleur; ils n'ont plus à craindre que la réquisition ne leur enlève leur cheval. Les Muscadins portent la tête haute. Leur campagne contre les Terroristes est couronnée d'un plein succès. Les hommes de sang ont été forcés de courber la tête. Ils ont, pendant quelques mois, essayé de justifier leurs actes; mais le flot de l'indignation populaire a fini par les emporter.

« Les Jacobins qui avaient trempé dans la Terreur, a dit Mme de Staël [1], tels que Lebon et Carrier, se faisaient presque tous remarquer par le même genre de physionomie. On les voyait lire leur plaidoyer avec une figure pâle et nerveuse, allant d'un côté à l'autre de la tribune de la Convention, comme un animal féroce dans sa cage; étaient-ils assis, ils se balançaient, sans se lever

1. *Considérations sur la Révolution française.*

ni changer de place, avec une sorte d'agitation stationnaire qui semblait indiquer seulement l'impossibilité du repos. »

Carrier n'a pas tardé à faire horreur. Le 3 frimaire III, il a été mis en accusation par 498 conventionnels sur 500 votants. Son procès n'occupe pas moins de soixante séances; l'imagination populaire en est profondément frappée. On croit voir les noyades de Nantes dans leur lugubre horreur : la Loire ensanglantée, les cris de détresse, les cadavres livides. Un immense mouvement de pitié pour les victimes et de colère pour les bourreaux se produit dans la foule, qui suit avec angoisse tous les détails de ce procès, le plus terrible des causes célèbres, et qui se demande avec une douloureuse surprise comment de telles cruautés ont pu se commettre dans un pays civilisé. Les journaux réactionnaires sont remplis d'invectives contre la Révolution. A les en croire, elle n'a été « qu'une Saint-Barthélemy philosophique de cinq années. »

Les Muscadins choisissent le 21 janvier 1795, deuxième anniversaire de la mort de Louis XVI, pour faire une grande démonstration contre la mémoire de Marat. Ils ont fabriqué un mannequin qui est censé le représenter dans le plus sale costume de la Terreur, avec des cheveux plats coupés en rond, des gouttes de sang sur le visage, et tenant d'une main un portefeuille plein d'assignats, de l'autre un poignard. On porte sur un brancard le mannequin assis dans un fauteuil de paille. On le conduit d'abord au Carrousel, où est l'espèce de chapelle ridicule dans laquelle ont été déposées comme des reliques la baignoire et la lampe de Marat, puis rue Saint-Honoré, à la porte du club des Jacobins. Alors le mannequin est brûlé aux applaudissements de la foule, et les cendres en sont jetées dans un égout.

Cependant, aux passions politiques va succéder une autre fureur, celle de l'agiotage. Depuis le 10 thermidor, les assignats dont la valeur n'était plus soutenue par la violence, se dépréciaient tous les jours avec une effrayante progression ; mais, comme cette progression était moins rapide à Paris que dans les départements, et particulièrement dans les villes de commerce, il s'ensuivait que, par une opération facile, on pouvait réaliser des bénéfices considérables en allant acheter dans ces villes, avec du numéraire, du papier qu'on rapportait à Paris pour l'y échanger contre de l'or, et qu'on retournait vite échanger en province, ainsi de suite. L'assignat était tombé plus bas encore que ne l'avaient prévu les adversaires du papier-monnaie, lors des discussions de l'Assemblée constituante. Faute de numéraire, on en venait aux moyens primitifs de commerce chez les sociétés en enfance, c'est-à-dire aux échanges en nature. Bientôt chacun, muni de marchandises dont il n'avait pas personnellement besoin, se fit commerçant. On entendait dans toutes les bouches des termes de courtage ; les salons se convertissaient en boutiques d'épicerie. Les mains des jolies femmes s'exerçaient aux travaux d'emballage. Arnault a décrit [1] cette fièvre d'agiotage, qui n'avait pas été plus active et plus générale au temps de Law : « Les denrées seules conservant leur valeur, chacun se hâtait d'échanger son papier contre des denrées qu'il revendait au fur et à mesure de ses besoins. Ce genre de trafic se faisait partout : au tribunal, dans les salons, dans les théâtres, à la Bourse. Les gens s'abordaient rarement sans se proposer une partie de sucre ou de percale, de café ou d'indigo, et sans tirer de leur poche, tout en se donnant une main, un échantillon, qu'ils se présentaient, de la main qu'ils ne se serraient pas ; puis, sans explication, sans discussion, sans l'intervention de quelque courtier que ce fût, le marché se consommait, à l'instant même ; le contractant repassait à un autre acheteur qui traitait aussi sur échantillon. »

Pendant que Paris se livrait à ce commerce universel, la situation s'était assombrie. Malgré les Muscadins, on craignait un retour de la Terreur. C'était la misère, la famine qui causaient de telles inquiétudes. Mercier écrivait dans ses *Annales patriotiques*, au printemps de 1795 : « Il serait difficile de trouver aujourd'hui sur le globe un peuple aussi malheureux que l'est celui qui ha-

1. *Souvenirs d'un sexagénaire.*

bite la ville de Paris. Nous avons reçu hier deux onces de pain par personne ; cette ration a encore été diminuée aujourd'hui. Toutes les rues retentissent des plaintes de ceux qui sont tiraillés par la faim. » Les femmes du peuple, qui passaient les nuits aux portes des boulangers et des bouchers, assiégeaient journellement la Convention de menaces et d'insultes, malgré les poursuites des Muscadins, qui les traitaient de furies de la guillotine. Lisez les rapports de police à l'époque, dans le curieux recueil qui a pour titre : *Paris en 1794 et 1795. La rue, le club et la famine* : « Les femmes, a dit M. Dauban, auteur de ce recueil, tinrent en échec le plus formidable gouvernement qu'il y eût au monde, un gouvernement qui faisait trembler les rois, et qui disposait de quatorze armées. Ni au 9 thermidor, ni au 2 juin, ni à aucune époque, la Convention n'avait couru un aussi grand danger qu'au 1er prairial an III. La faim est une rage ; elle n'a pas besoin d'armes, les dents et les ongles suffisent. Poussées par elle, les femmes sont terribles ; elles quittent le logis comme la bête féroce quitte l'antre, pour y rapporter la proie et la pâture à ses petits. Tel est le véritable sens des insurrections de germinal et de prairial. A la surface, il y a les Jacobins, les souteneurs des anciens comités, les partisans de la Constitution de 1793, l'effervescence des anciennes idées qui surgissent, comme les dernières flammes d'un feu mal éteint ; au fond, il y a la faim. »

Dans la journée du 1ᵉʳ prairial, la foule qui avait envahi la salle de la Convention, montrait tout son mépris pour les députés. Un homme criait sans cesse : « Allez-vous-en tous! Nous allons former la Convention nous-mêmes. » Un autre disait : « L'arrestation des députés! l'arrestation de tous! » Le président Boissy-d'Anglas voulant intervenir, la foule lui répondait : « Du pain, coquin! Qu'as-tu fait de notre argent? » Jamais on n'avait vu pareil tumulte. Le député Féraud était égorgé; Boissy-d'Anglas saluait sa tête portée au bout d'une pique. Cette fois encore la jeunesse dorée eut le dessus. Elle chassa les envahisseurs. Les conventionnels se vengèrent par des supplices de la peur qu'ils avaient eue. Il leur fut donné de faire régner tour à tour deux Terreurs, presque aussi cruelles l'une que l'autre : la Terreur révolutionnaire et la Terreur réactionnaire. Quand ils firent ce qu'ils appelaient de la modération, cette modération fut encore implacable. Aucune Assemblée n'eut plus de rigueurs contre les vrais républicains que cette Assemblée qui avait fondé la République. N'aurait-on pas pu pressentir déjà que les conventionnels qui avaient échappé à la guillotine, qui avaient vécu, comme disait Sieyès, allaient bientôt se transformer en comtes et en barons de l'Empire?

Au milieu des agitations et des crises de l'an III, à cette époque où la société commençait à se reconstituer, malgré tant de secousses et de misères, quatre femmes attirèrent surtout l'attention à Paris : Mme de Staël, Mme Récamier, Mme Tallien et Mme de Beauharnais. Tracer l'esquisse de ces quatre femmes célèbres, telles qu'elles étaient en 1795, un peu avant la journée de Vendémiaire, c'est donner une idée de la société dont elles furent l'ornement et dont elles excitèrent l'admiration.

XII

Le goût de la politique est une passion dont les femmes ne se corrigent pas dès qu'elles en ont senti l'atteinte. Du moment où elles se croient supérieures dans l'art de gouverner ou de diriger ceux qui gouvernent, elles mettent leur point d'honneur à tout savoir, à se mêler de tout; rien de ce qui se fait sans leurs conseils ne leur paraît bien fait ; l'homme d'Etat qui ne vient pas chercher chez elles le mot d'ordre, et qui ne suit pas, ou du moins qui ne fait pas semblant de suivre leurs avis, passe tout de suite à leurs yeux pour un homme sans tact et sans capacité. La politique devient pour elles non seulement une distraction, mais un besoin ; elles la mêlent à toute leur existence, même à leurs amours. Elles l'aiment comme le joueur aime le jeu.

Anne-Louise-Germaine Necker, baronne de Staël-Holstein, est le type de la femme politique, et aussi de ce qui l'on pourrait appeler la femme de lettres. Née à Paris en 1766, elle y fut, dès sa plus tendre enfance, un petit prodige. Le salon de son père, le banquier génevois Necker, qui joua un si grand rôle au début de la Révolution, était le rendez-vous de toutes les célébrités du jour. Elle y grandit comme une plante en serre chaude, faisant admirer de tous la précocité de son esprit, et ce don de la parole qui la rendait l'égale des plus grands orateurs. Applaudie comme une actrice, flattée comme une reine, et encensée comme une idole, elle s'habitua, dès sa première jeunesse, à tenir toujours le premier rang, et à dominer par l'ascendant irrésistible d'une intelligence supérieure. Elle n'était pas jolie : sa bouche était trop grande, son cou trop court ; ses traits manquaient de grâce et de finesse ; mais, dès qu'elle parlait, elle se transfigurait ; ses yeux noirs lançaient des éclairs, sa physionomie devenait radieuse ; il y avait dans toute sa personne quelque chose d'illuminé, d'étincelant ; alors elle était belle !

Agée de vingt ans, elle épousa, en 1786, le baron de Staël-Holstein, ambassadeur de Suède à la cour de Louis XVI. Gustave III avait promis, pour faciliter le mariage, qu'il conserverait pendant de longues années à son ambassadeur le poste de Paris. De son côté, M. de Staël s'engagea, par contrat, à ne jamais forcer sa femme à le suivre en Suède. La famille Necker, dont le libéralisme n'excluait pas la vanité, fut heureuse d'une union qui faisait entrer la fille d'un banquier dans le monde diplomatique et dans les rangs de l'aristocratie européenne. La nouvelle baronne, qui aspirait à tous les succès, eut un salon brillant, spirituel entre tous. Homme d'un réel mérite, son mari disparaissait cependant à côté d'elle ; ce n'était, pour ainsi dire, qu'un prince-époux. Mme de Stael régnait et gouvernait.

Les idées nouvelles enthousiasmèrent cette femme à l'imagination ardente. Elle y vit l'occasion de se montrer, de déclamer, de s'exalter. La renommée de son père, qui, pendant quelque temps, fut l'idole de la foule, la remplit de joie et d'orgueil. Les plus flatteuses chimères séduisirent son esprit ; elle crut, avec la naïveté de l'enthousiasme, que l'humanité allait entrer dans une période de bonheur et de progrès sans limites. Fière de son influence, pleine d'ambition, de confiance en elle-même, elle s'imagina que son génie allait régénérer le monde. Elle fut l'inspiratrice des Constitutionnels, comme Mme Roland fut celle des Girondins. Le jeune et brillant comte de Narbonne, ministre de la guerre en 1792, la prit pour Egérie. Elle crut à une monarchie à trois pouvoirs pondérés, comme en Angleterre, et à l'avènement d'un régime idéal qui se nomme l'ordre et la liberté. Les catastrophes qui vinrent ensuite ne la découragèrent pas. Quand le ciel se fut rembruni, quand son père eut perdu toute popularité, elle se réfugia avec lui dans sa terre de Coppet, en Suisse, et laissa passer le formidable orage qui grondait sur la France. Mais elle resta fidèle aux idées parlementaires qui étaient son *credo* politique.

Mme de Staël représentait l'école des doctrinaires. L'opposition que les hommes d'ancien régime avaient faite aux idées de son père et aux siennes n'avait eu d'autre résultat que de la rendre plus attachée à un système qu'elle regardait comme la loi de l'avenir. Elle ne voulait admettre ni que ses espérances avaient été des illusions, ni que l'âge de fer était venu, au lieu de l'âge d'or tant rêvé. Pour elle, son père était toujours le modèle des hommes d'Etat, le financier irréprochable, le politique infaillible. Elle était convaincue que si elle avait été écoutée de Louis XVI, Louis XVI aurait été sauvé. Du fond de sa retraite de Coppet, elle n'avait qu'une idée : reparaître à Paris, y rouvrir son salon, y faire un cours de parlementarisme, y contribuer, par sa parole, par son autorité, à la fondation d'une république selon son cœur. Aussi, fut-elle charmée quand la Suède, ayant reconnu le nouveau gouvernement français, elle revint en 1795, à Paris, où le baron de Staël avait repris son poste d'ambassadeur.

A ce moment, la société diplomatique commençait à se reconstituer. Les envoyés des Etats-Unis, de Genève, de Venise, de Hambourg, n'avaient pas cessé de résider à Paris. On y vit arriver les représentants de la Toscane, de la Hollande, de la Suède, et la République fit la paix avec la Prusse, le 5 avril 1795, avec l'Espagne, le 22 juillet. Les usages diplomatiques reprenaient, et Mme de Staël donnait le ton à cette société étrangère, qui trouvait qu'après tout Paris avait encore du bon. Elle excellait à se mouvoir au milieu d'éléments disparates. Royaliste par son passé, républicaine par ses tendances nouvelles, bourgeoise par sa naissance, grande dame par son mariage, ayant des relations et des amis dans tous les camps, passionnée à la fois et pour la mémoire de Marie-Antoinette et pour les principes de la Révolution française, elle avait ce qu'il fallait pour être l'héroïne d'une période de transition, et ses antécédents, loin de la gêner, facilitaient son rôle, et augmentaient son influence. Thibaudeau a dit d'elle : « Dans des temps ordinaires, avec la force de son esprit et la vivacité de son imagination, elle eût toujours obtenu des succès dans les lettres ; mais la Révolution lui ouvrait encore une autre carrière : elle devint un personnage politique et littéraire. Elle avait connu toutes les individualités célèbres ou fameuses de la cour et des Assemblées nationales ; elle fut témoin de la plupart des événements... Quoique de l'école de Necker, elle n'avait pas la même candeur. Femme sans devoirs ni responsabilité politiques, elle savait se plier aux circonstances. Elle était franchement républicaine, sans renier son père, et sans abandonner ses amis royalistes. Son salon était ouvert à tous les partis. On le lui pardonnait en faveur de son sexe, de son esprit, de ses talents, de ses principes. »

On voyait chez elle, à côté d'hommes de l'ancien régime, qui, comme les Ségur et quelques autres, n'avaient pas émigré ou avaient obtenu par faveur la permission de rentrer en France, des personnages qui avaient marqué parmi les Terroristes. Elle a raconté elle-même, dans ses *Considérations sur la Révolution française*, comment ces derniers s'y prenaient pour essayer de justifier leur conduite : « Les apologies de ceux qui avaient pris part à la Terreur, a-t-elle dit, étaient vraiment la plus incroyable école de sophisme à laquelle on pût assister. Les uns disaient qu'ils avaient été contraints à tout ce qu'ils avaient fait, et l'on aurait pu leur citer mille actions spontanément sanguinaires; les autres prétendaient qu'ils s'étaient sacrifiés au bien public, et l'on savait qu'ils n'avaient songé qu'à se préserver du danger. Tous rejetaient le mal sur quelques-uns, et, chose singulière, dans un pays immortel par sa bravoure militaire, plusieurs des chefs politiques donnaient simplement la peur comme excuse suffisante de leur conduite. Un conventionnel très connu me racontait, un jour, qu'au moment où le tribunal révolutionnaire avait été décrété, il avait prévu tous les malheurs qui en étaient résultés, et cependant, ajoutait-il, le décret passa dans l'Assemblée à l'unanimité. Or, il assistait lui-même à cette séance, votant pour ce qu'il regardait comme l'établissement de l'assassinat juridique ; mais il ne lui venait pas seulement dans l'esprit, en me racontant ce fait, que l'on pût s'attendre à sa résistance. Une telle naïveté de bassesse laisse ignorer jusqu'à la possibilité de la vertu. »

Sévère pour les Terroristes, Mme de Staël l'était également pour les réactionnaires. Elle se prononçait sincèrement en faveur de la République et combattait ceux de ses anciens amis qui rêvaient le retour de la royauté. Un peu avant la journée de vendémiaire, quand la plupart des personnes de sa société attaquaient avec acharnement la Convention, elle était presque seule à défendre l'Assemblée expirante. « Vous parlez d'en finir avec la Révolution, disait-elle à Lacretelle, et vous prenez la meilleure marche pour la recommencer...Je craindrais votre victoire même: j'y vois le signal de bien des vengeances qui ne sont pas encore assouvies par les massacres de Lyon et Marseille. Ignorez-vous que beaucoup de royalistes, et j'entends par ce mot des partisans du pouvoir absolu, marchent dans vos rangs ? Vous allez rallumer tous les feux de la guerre civile dans l'Ouest et le Midi. Dans un état de fermentation toutes les opinions extrêmes tendent à prévaloir, et vous, constitutionnels modérés, après avoir été victimes sous le règne d'une faction sanguinaire, vous le serrez encore sous le règne d'une faction violente. »

Les hommes des partis les plus opposés se rencontraient donc dans la demeure hospitalière de l'ambassadrice de Suède, qui trouvait le moyen de leur faire parler politique les uns avec les autres, sans que la conversation dégénérât en dispute, ou même en discussion. Le respect qu'elle inspirait à ses interlocuteurs permettait d'aborder sans inconvénients les questions même les plus irritantes, dans son salon, qui était un terrain neutre. Son ambition, c'était de faire disparaître les opinions extrèmes et triompher ce juste milieu, qui est l'idéal de l'école doctrinaire. Depuis que les grandes voix de 89 et de la Gironde s'étaient éteintes, elle restait presque seule pour plaider la cause de la liberté modérée. Son salon fut une sorte de cénacle, dont la gravité contrastait avec la futilité, l'ignorance, la légèreté des mœurs du jour. Là, on causait, on dissertait, et plus souvent on écoutait; on écoutait l'ambassadrice, dont le fauteuil était comme un trépied, et qui avait l'habitude de rendre des oracles. La profondeur de ses pensées, l'éclat de sa parole, la magie de son débit, lui donnaient la victoire sur tous ses interlocuteurs, quels qu'ils fussent. Nul orateur n'était de force à tenir tête à cette femme d'élite. Lacretelle en a dit : « Il fallait vivre d'enthousiasme auprès d'elle, tant son éloquence se répandait sur les sujets les plus arides, animait les interlocuteurs les plus froids, ou s'échappait en saillies, en éclairs. Elle savait à propos briser l'entretien, en lui donnant parfois une tournure oratoire. » C'était tantôt une aimable femme du monde, tantôt une pythonisse.

Mme de Staël avait la conscience de son talent et de son prestige. C'est sans doute à elle-même, à sa propre éloquence et à sa propre gloire qu'elle pensa quand elle traça plus tard le portrait de *Corinne :* « Elle était vêtue comme la Sibylle du Dominiquin, d'un châle des Indes tourné autour de sa tête, et ses cheveux du plus beau noir étaient entremêlés avec ce châle ; sa robe était blanche, une draperie bleue se rattachant au dessous de son sein. Son costume était très pittoresque, sans s'écarter cependant assez des usages reçus pour que l'on y pût trouver de l'affectation. Son attitude (sur le char) était noble et modeste ; on apercevait bien qu'elle était contente d'être admirée, mais un sentiment du timidité se mêlait à sa joie et semblait demander grâce pour son triomphe. L'expression de sa physionomie, de ses yeux, de son sourire, intéressait pour elle... Ses bras étaient d'une éclatante beauté ; sa taille, grande mais un peu forte, à la manière des statues grecques, caractérisait énergiquement la jeunesse et le bonheur, son regard avait quelque chose d'inspiré... Elle donnait à la fois l'idée d'une prêtresse d'Apollon qui s'avançait vers le temple du Soleil, et d'une femme parfaitement simple dans les rapports habituels de la vie. Enfin, tous ses mouvements avaient un charme qui excitait l'intérêt et la curiosité, l'étonnement et l'affection. »

Mme de Staël apparaissait ainsi à ses contemporains. Le triomphe de sa *Corinne,* c'était son triomphe. Elle exerçait sur l'opinion une influence réelle. Jamais, depuis les temps de la Fronde, une femme n'avait eu pareil ascendant. En république, elle était reine, reine par l'intelligence, reine par la plume et la parole, et dans la société de 1795, elle représentait la toute-puissance de l'esprit, comme Mme Récamier et Mme Tallien représentaient la toute-puissance de la beauté.

XIII

On a remarqué avec raison que Mme Récamier
est peut-être la seule femme qui, n'ayant jamais
rien écrit et n'étant jamais sortie des limites de la
vie privée, ait mérité que sa ville natale proposàt
son éloge public. C'est dire que cette femme,
séduisante entre toutes, exerce sur la postérité,
l'ascendant et le charme qui en firent l'idole de
ses contemporains. A défaut de l'influence politique d'une Mme Tallien, ou de l'esprit supérieur
d'une Mme de Staël, elle avait reçu de la nature
une puissance devant laquelle républicains et
royalistes s'inclinaient également, et qui la rendit
supérieure aux grandes dames, aux princesses,
aux souveraines : la beauté. Elle eut ce grand
mérite de ne pas se laisser enivrer par les fumées
de l'encens qui brûlait nuit et jour à ses pieds.
Bien des femmes adulées à ce point seraient devenues à moitié folles. Mme Récamier fut préservée
par son bon sens contre ces excès de vanité, ces

bouffées d'orgueil, cette manie de parler toujours de soi et de se mettre toujours en scène, qui finissent par rendre désagréables, presque odieuses, les beautés à la mode dont le cerveau est trop faible pour résister aux hyperboles de la flatterie. Elle resta bonne, aimable, simple, sans affectation ; elle n'eut de jalousie pour aucune des beautés qui auraient pu être considérées comme ses rivales ; elle ne fut ni ingrate, ni médisante, ni impérieuse, et il n'y eut dans sa destinée aucun de ces grands orages qui troublent presque toujours la vie des femmes en vue. Cette charmeuse, car c'est le nom qui lui convient le mieux, trouva le moyen de désarmer la malice humaine, et le culte qu'on lui rendait ne rencontra point de blasphémateurs.

Jeanne-Françoise-Julie-Adélaïde Bernard — c'était son nom de demoiselle — naquit à Lyon le 4 décembre 1777. De tous ces noms de baptême, le seul qui lui fût resté dans l'habitude était celui de Julie, transformé en Juliette, bien qu'au dire de Sainte-Beuve, elle ne dût jamais avoir de Roméo. Sous le ministère de Calonne, en 1784, son père, qui était notaire, fut nommé receveur des finances à Paris. Dès l'enfance, elle était délicieuse, et un riche banquier, Jean-Jacques-Rose Récamier, qui avait vu se développer cette beauté merveilleuse, la demanda en mariage, quand elle fut dans sa seizième année. M. Récamier aurait pu facilement être son père, car il avait quarante-deux ans, tandis qu'elle n'en avait que quinze. Ce fut pourtant, dit Mme Lenormant, sans effroi et sans répugnance qu'elle agréa sa recherche. « Mme Bernard crut devoir faire à sa fille toutes les objections que lui dictaient assez la différence des âges et celle des goûts et des habitudes qui devaient en résulter. Mais Juliette voyait venir M. Récamier depuis plusieurs années chez ses parents; il avait toujours été prévenant et gracieux pour son enfance; elle avait reçu de lui ses plus belles poupées; elle ne douta pas qu'il ne dût être pour elle un mari plein de complaisance; elle accepta sans la moindre inquiétude l'avenir qui lui était offert. »

Le mariage se fit, à Paris, le 24 avril 1793, en pleine Terreur. Mme Lenormant raconte que M. Récamier allait presque tous les jours assister aux exécutions; il vit ainsi périr le roi, la reine, les fermiers généraux, les hommes avec lesquels il était en relations d'affaires ou de société. Et, lorsque Mme Lenormant lui exprimait sa surprise qu'il se fût condamné à un aussi horrible spectacle, il lui répondait : « C'était pour me familiariser avec le sort qui vraisemblablement m'attendait. Je m'y préparais en voyant mourir. » Cependant, M. Récamier et sa famille échappèrent au couteau révolutionnaire, et la Révolution, bien loin de le ruiner, l'enrichit.

Quand, au lendemain de la Terreur, on vit sa jeune femme se montrer dans ce Paris encore plein de sanglants fantômes, elle y apparut comme un ange consolateur au milieu du deuil et des ruines. On éprouvait, en la voyant, ce sentiment de bien-être, de repos, dont semble jouir toute la nature, quand, après un terrible orage, l'air se rafraîchit, et l'arc-en-ciel brille dans le ciel bleu. Les regards souillés par la vue des hommes à pique et des bonnets rouges, des tricoteuses et des furies de la guillotine, étaient ravis à l'aspect de cette jeune femme idéale, à qui la Grèce eût élevé des autels. Un murmure d'enthousiasme s'élevait sur ses pas. On se plaisait à répéter que, mariée, elle n'avait pas cessé d'être jeune fille, et sa physionomie virginale, naïve, presque enfantine, excitait une admiration affectueuse.

On pouvait rencontrer des femmes plus majestueuses, des beautés plus superbes ; mais aucune n'avait au même degré ce charme intime et mystérieux qui s'empare de l'âme, et y laisse comme une sorte d'extase, mêlée de rêverie et de mélancolie. Émouvoir lui semblait meilleur que fasciner. Il y avait dans sa coquetterie, si l'on peut donner ce nom au désir de plaire, un calme et une douceur qui inspiraient à ses adorateurs, fussent-ils désespérés, un sentiment de reconnaissance, je dirais presque de vénération.

Dans cette femme vêtue de blanc, il y avait quelque chose qui rappelait les statues des madones. « Elle portait habituellement, et en toute saison, des robes·blanches ; elle en variait l'étoffe, la forme, les ornements, mais prenait bien rarement d'autres couleurs. Jamais dans les grands temps de sa fortune, elle ne porta de diamants ; elle possédait de très belles perles, et s'en parait, de préférence à tout autres bijoux. On eût pu croire qu'elle trouvait une certaine satisfaction féminine à s'entourer de toutes les choses dont on vante l'éblouissante blancheur, afin de les effacer par l'éclat de son teint [1] »

Une de ses contemporaines, très célèbre aussi par sa beauté, la comtesse Regnault de Saint-Jean d'Angély, a dit de Mme Récamier : « D'autres avaient été plus vraiment belles, mais aucune ne produisait autant d'effet. J'étais dans un salon, j'y captivais tous les regards ; Mme Récamier arrivait ; l'éclat de ses yeux, qui n'étaient pas pourtant très grands, l'inconcevable blancheur de ses épaules, écrasaient tout, éclipsaient tout ; elle resplendissait. » Musicienne excellente, elle charmait les oreilles comme les yeux. Sa voix était expressive, bien timbrée. Elle jouait avec talent du piano et de la harpe. Elle aimait à jouer de mémoire, pour elle-même, seule, à la chute du jour, et alors elle était émue, elle pleurait.

M. Récamier apparaissait comme l'intendant plutôt que comme l'époux de sa femme. Cet

______

[1] *Souvenirs de Mme Récamier*, par sa nièce Mme Lenormant.

homme d'argent s'était dit qu'une pareille compagne était le plus beau des luxes, qu'elle jetterait sur sa banque un reflet de poésie, et qu'elle ferait de sa maison un des centres les plus brillants de l'Europe. C'était comme une merveille, un objet d'art dont il s'enorgueillissait. Grâce à cette femme incomparable, M. Récamier devint une sorte de personnage. On tint à l'honneur d'être présenté chez lui, ou plutôt chez sa femme, et ce n'est pas sans une vive satisfaction d'amour-propre qu'il contemplait la galerie de fanatiques admirateurs en extase à la vue de l'idole. M. Récamier n'était pas jaloux, il était fier.

L'idole était une de ces femmes qui, sans encourager ni décourager leurs adorateurs, trouvent le moyen de les atteler définitivement à leur char. Toujours entourée d'un groupe de fidèles, qui étaient autant pour elle des gardiens que des amoureux, elle savait se prémunir contre les entraînements du tête-à-tête. D'une douceur ineffable, elle écartait loin d'elle toute récrimination, tout reproche, toute parole violente. Qui aurait pu s'irriter contre une femme d'une nature si gracieuse, d'une bonté si persuasive, si pénétrante ? C'est Sainte-Beuve qui l'a dit : « Elle allait au péril en souriant, avec sécurité, avec charité, un peu comme ces rois très chrétiens, un jour de semaine sainte, allaient à certains malades pour les guérir. Elle ne doutait pas de sa douce magie, de sa vertu. Elle tenait presque à vous blesser d'abord le cœur, pour se donner ensuite le plaisir et le miracle de vous guérir. Elle était véritablement magicienne à convertir insensiblement l'amour en amitié, en laissant à celle-ci toute la fleur, tout le parfum du premier sentiment. Elle aurait voulu tout arrêter en avril. » Chacun se disait : « Je n'obtiens rien, mais nul n'est plus privilégié que moi ! » Les amoureux souffraient dans leur amour, non dans leur vanité. Or, c'est la vanité qui guide les hommes plus que l'amour, et bon nombre de soupirants se passionnent en vue de la galerie bien plus que pour eux-mêmes. Mme Récamier, sous des dehors naïfs, était si adroite, si habile, qu'elle avait fait croire à ses courtisans que son mari lui-même n'obtenait absolument rien. Mme Lenormant a dit à ce sujet : « M. Récamier n'eut jamais que des rapports paternels avec sa femme ; et il ne traita jamais la jeune et innocente enfant qui portait son nom que comme une fille dont la beauté charmait ses yeux, et dont la célébrité flattait sa vanité. » Cette hypothèse, nous l'avouons, nous semble difficile à admettre, et, pour la croire possible, nous aurions besoin de nous rappeler le vers célèbre :

Le vrai peut quelquefois n'être pas vraisemblable.

Mme Lenormant nous dit que M. Récamier était de « mœurs légères », qu'il aimait le plaisir. Au moment où il se maria, bien loin d'être un vieillard, il était dans toute la force de l'âge, il n'avait que quarante-deux ans. Pourquoi aurait-il eu vis-à-vis de sa jeune femme une continence que rien ne lui commandait ? Pourquoi aurait-il abdiqué d'une manière si étrange ses droits et sa situation de mari ? Pourquoi n'aurait-il eu pour sa jolie compagne que des sentiments paternels ? Cet excès de prudence conjugale au milieu des mœurs de l'époque nous paraît un problème difficile à résoudre. Il nous semble d'ailleurs que Mme Récamier était une femme trop bien élevée pour raconter même à sa nièce les secrets de son alcôve. Nous inclinons à supposer que jamais, elle qui était le tact même, elle n'eut à s'expliquer, même en famille, sur des questions d'une nature si délicate et si intime. Seulement, la fatuité des hommes dont elle n'agréait pas les obsessions trouvait peut-être un adoucissement dans la pensée que leur idole était une déesse, et n'était point une femme. Peut-être aussi M. Récamier souriait-il de l'illusion de ses amis, mais comme il était homme d'esprit et de bonne composition, il se gardait bien de les détromper, et il les laissait dans une douce et consolante erreur. Mais n'insistons pas davantage. « La jeune fille, a écrit M. de Lamartine, était elle-même, dit-on, un sous-entendu de la nature : elle pouvait être épouse, elle ne pouvait être mère. Ce sont ces deux mystères qu'il faut respecter, mais qu'il faut entrevoir pour avoir le secret de toute la vie de Mme Ré-

.camier, triste et éternelle énigme qui ne laisse jamais deviner son mot même à l'amour... Tous les regards emportaient une ivresse, aucun cœur ne remportait une espérance. La divine statue n'était descendue pour personne de son piédestal ; l'audace de prétendre à une préférence ne se présentait à l'esprit de personne, comme si une telle préférence eût été quelque chose de trop divin pour un mortel. »

En 1795, Mme Récamier, dans sa dix-huitième année, et mariée depuis deux ans, était déjà célèbre. Quand elle paraissait dans un bal de souscription, dans un théâtre, dans une promenade, la foule se pressait autour d'elle pour admirer tous les détails de sa beauté : sa taille si souple, si élégante, son cou d'une forme exquise, sa bouche petite et vermeille, ses dents qui étaient des perles, ses bras charmants, quoique un peu minces, ses cheveux châtains naturellement bouclés, ses yeux doux et vifs à la fois, son nez si régulier, sa physionomie tout ensemble candide et spirituelle, indolente et fière, réservée et prévenante, son teint d'une incomparable fraîcheur, sa marche de déesse sur les nues ; il y avait dans la foule un frémissement de surprise, un long murmure de sympathie, et c'est le respect seul qui empêchait d'applaudir.

XIV

Mme Tallien n'a pas la coquetterie savante,
mais réservée, voilée, pour ainsi dire, qui est
celle de Mme Récamier. Sa coquetterie est expan-
sive, victorieuse, éblouissante. La femme qui
le plus contribué à mettre un terme à la Terreur
est bonne, serviable, généreuse ; mais elle aime le
bruit, les agitations, les triomphes de tout genre.
Les toilettes qu'elle préfère, ce sont les toilettes
excentriques, les robes grecques, les modes du
paganisme, tout l'attirail qui fait ressembler une
femme à une divinité de la Fable. Il y a beaucoup
en elle du caractère des comédiennes. Il lui faut
la clarté des lustres, les applaudissements d'un
public idolâtre, les fanfares de la Renommée. Sa
chaumière de l'allée des Veuves — nom prétentieux
dans sa simplicité — ressemble à un décor d'O-
péra. Tout y est préparé pour l'illusion scénique.
L'ancienne marquise qui a fait des harangues
républicaines dans les clubs de Bordeaux, avec
un bonnet rouge sur sa jolie tête ; qui a posé

pour les représentants et pour les tribunes à la barre de la Convention ; que les républicains considèrent comme une sorte de déesse de la Liberté, les royalistes comme une libératrice, comme un ange tutélaire, résume, dans le surnom qui lui est donné, l'étrange amalgame d'une époque où les souvenirs chrétiens s'unissent aux parodies païennes. On l'appelle du nom de la sainte Vierge, à qui elle ressemble si peu, mêlé à un nom de mois de calendrier républicain : c'est Notre-Dame de Thermidor.

Du marquis de Fontenay, on ne parle même plus. De quoi se plaindrait-il ? Il a eu la vie sauve, il est à l'étranger. On ne se soucie pas plus de lui que s'il n'avait jamais existé. Dans ce temps de divorce, les anciens maris ne comptent pour rien. Tout fier de sa conquête, Tallien s'en glorifie devant la Convention. Il dit à la tribune : « On a parlé dans cette Assemblée d'une femme... Je n'aurais pas cru qu'elle dût occuper les délibérations de la Convention nationale. On a parlé de la fille de Cabarrus. Eh bien ! je le déclare au milieu de mes collègues, au milieu du peuple qui m'entend : cette femme est ma femme !... Je l'ai sauvée à Bordeaux ; ses malheurs et ses vertus me la firent aimer. Arrivée à Paris dans des temps de tyrannie et d'oppression, elle fut persécutée et jetée dans une prison. Un émissaire du tyran lui fut envoyé et lui dit : « — Ecrivez « que vous avez connu Tallien comme un mau-

« vais citoyen ; alors, on vous donnera la liberté
« et un passeport pour aller dans les pays
« étrangers ! » Elle repoussa l'émissaire avec indignation. Voilà pourquoi elle n'est sortie de
prison que le 12 thermidor. On a trouvé dans les
papiers du tyran une note pour l'envoyer à l'é-
chafaud. Voilà, citoyens, voilà celle qui est ma
femme ! »

La marquise de Fontenay, devenue Mme Tallien, s'installe au bout de l'allée des Veuves,
près du Cours-la-Reine, dans une petite maison
cachée par un massif de peupliers et de lilas, qui
est recouverte de chaume, peinte à l'huile, ornée
de bois brut et entourée de fleurs. A l'extérieur,
c'est un châlet ; à l'intérieur une sorte de temple
grec. Dans cette demeure, si pittoresque et si
originale, qui fait songer aux héroïnes de Jean-
Jacques Rousseau et à celles de Plutarque,
Mme Tallien, qui, en République, tient un
sceptre, celui de la mode, préside à une espèce de
cour. Elle a tout un cortège d'admirateurs et de
flatteurs. Garat lui chante ses romances les plus
mélodieuses. Elle est courtisée par les conventionnels comme par les hommes de lettres et les
artistes. Barras, Fréron, Cherubini, Joseph
Chénier, Lacretelle, Méhul figurent parmi les
habitués de son salon. Quelques ci-devant
nobles, qui n'ont pas émigrés ou qui sollicitent la
rentrée de leurs amis en France, viennent lui
présenter leurs hommages. On la sait influente

et compatissante, heureuse de rendre service, comme heureuse de plaire. C'est une de ces femmes vraiment bonnes, qui sont reconnaissantes envers leurs obligés, et qui savent gré à leur prochain de tout le bien qu'elles lui font. Le maréchal Marmont, dans ses *Mémoires*, en parle avec un sincère enthousiasme : « Tout ce que l'imagination, dit-il, peut concevoir, fera à peine approcher de la réalité : jeune, belle à la manière antique, mise avec un goût admirable, elle avait tout à la fois de la grâce et de la dignité. Sans être douée d'un esprit supérieur, elle possédait l'art d'en tirer parti, et séduisait par son extrême bienveillance. On lui rendait grâce de la salutaire influence exercée par elle lors du 9 Thermidor, et on ajoutait presque tous les hommages de la reconnaissance publique au culte rendu à sa beauté. » Après avoir ainsi parlé de la femme, Marmont ajoute, à propos du mari : « Tallien paraissait alors vivre en bonne intelligence avec elle, et jouissait d'une espèce de gloire, par suite du rôle qu'il venait de jouer. Ainsi, une action dont la véritable cause était probablement le danger le plus pressant et le besoin d'y échapper, avait, dans l'opinion, tout l'éclat du dévouement, c'est-à-dire de ce qu'il y a de plus sublime, de l'action qui consiste dans le sacrifice de soi-même pour l'intérêt des autres. »

Il faut avouer cependant que pour les personnes qui avaient conservé les idées de l'ancienne société française un salon tel que celui de Mme Tallien devait paraître pour le moins étrange. Une marquise qui avait arboré le bonnet phrygien, péroré dans les clubs, épousé un organisateur des massacres de Septembre, un régicide, un proconsul de la Terreur, et qui, avec tout cela, cultivait l'amitié d'anciens nobles, et rappelait, par sa grâce, l'élégance de la cour de Versailles, une femme dont la vie, le caractère, la destinée présentaient de si curieux contrastes, était assurément une grande dame d'un genre particulier.

Rien de plus bigarré que son salon, où les émigrés se rencontraient avec les régicides, où des hommes qui avaient promené la guillotine et le massacre de ville en ville parlaient d'humanité et de justice ; où d'anciens sans-culottes s'habillaient en petits-maîtres ; où les mêmes tirades qui avaient servi contre Louis XVI servaient contre Robespierre, appelé à son tour le tyran. Mme Tallien n'était pas elle-même sans éprouver quelque embarras de sa situation. Malgré le prestige de ses succès, malgré tout le bien qu'elle avait fait et tout le mal qu'elle avait empêché, malgré la foule de courtisans, d'adorateurs qui se pressaient dans sa chaumière mythologique de l'allée des Veuves, elle ne songeait peut-être pas sans une certaine tristesse jalouse à ces héroïnes, à ces saintes qui avaient si fièrement porté leur tête sur l'échafaud, et qui auraient préféré mille morts à l'amour de Tallien. Dans une soirée brillante, au milieu des parfuns et des fleurs, quand les yeux étaient charmés par la vue de femmes enchanteresses, ressemblant aux déesses de la Fable ; quand Garat venait de chanter comme un ange ; quand on se serait cru revenu aux beaux jours de Marie-Antoinette, aux délices du Petit-Trianon, quelque souvenir lugubre attristait tout à coup la fête. Un madrigal était gâté par une expression jacobine ; un éclair cruel rendait sinistre le regard d'un ancien terroriste. Un coup d'œil, un geste, un mot faisait comprendre que tels hommes qui avaient condamné Robespierre ne valaient pas mieux que lui. Les gens d'ancien régime, égarés dans cette société, y coudoyaient les assassins de leurs parents, et, çà et là, quelque allusion terrible leur rappelait qu'ils n'étaient point à leur place dans ce salon. Mme Tallien, qui avait de l'esprit et du cœur, le comprenait aussi bien que personne, et, après la fête, quand le bruit avait cessé, quand les lumières étaient éteintes, rentrée en elle-même, elle pleurait.

Cependant, le lion amoureux avait encore des griffes :

> Chassez le naturel, il revient au galop.

Les hommes de Thermidor, qui se voyaient menacés par la réaction, revenaient à leurs anciens instincts, et se ralliaient aux restes de la Montagne. Tallien disait qu'il fallait réveiller la

Terreur chez les royalistes, que sinon la contre-révolution serait faite constitutionnellement avant trois mois. Il se fit envoyer comme commissaire à Quiberon où une expédition d'émigrés et de chouans venait d'être vaincue par les troupes de la République. Les émigrés avaient posé les armes, avec l'espérance qu'ils auraient la vie sauve. Tallien les fit fusiller au nombre de sept cent onze ; parmi eux il y avait des enfants. Puis il revint à Paris, pour y célébrer la fête du 9 thermidor, an III, anniversaire de la chute de Robespierre. La Convention eut une grande séance d'apparat. Les représentants étaient en costume. Tallien, qui eut ce jour-là un regain de célébrité, parut à la tribune avec un habit bleu à boutons d'or, un gilet à revers, des bottes à la Souvaroff, et l'épée au côté. « Représentants du peuple, s'écria-t-il, j'accours des rives de l'Océan joindre un nouveau chant de triomphe aux hymnes qui doivent célébrer cette grande solennité. Je te salue, époque auguste où le peuple écrasa la tyrannie décemvirale ! Heureux, trois fois heureux anniversaire où les défenseurs de la patrie ont terrassé la coalition de l'étranger et des parricides, je te salue !... L'Océan a tressailli à l'aspect de nos braves, armés par la vengeance, guidés par l'enthousiasme de la République, poursuivant au sein des flots, qui les ont rejetés sous le glaive de la loi, ce vil ramas de complices, de stipendiés de Pitt, ces exécrables auteurs de tous les désastres et de tous les forfaits contre lesquels la France lutte depuis cinq ans ! Ils ont osé, disions-nous en parlant des émigrés, ils ont osé remettre les pieds sur la terre natale ! La terre natale les dévorera ! C'en est fait ! l'oracle s'est accompli, la terre natale les a dévorés ! » On embrassa Tallien. Boissy-d'Anglas s'écria : « Tallien a prouvé qu'il savait peindre les grandes actions, comme il sait y contribuer ! » On chanta l'*Hymne à l'humanité*, de Baour-Lormian, musique de Gossec, le *Chant du 9 Thermidor*, paroles de Deforgues, musique de Lesueur, et un hymne dithyrambique sur la conjuration de Robespierre, par l'auteur de la *Marseillaise*, Rouget de Lisle.

Le soir, Tallien réunit plusieurs de ses collègues dans un banquet frugal, comme disait le *Moniteur*. La fête eut, selon la mode du temps, un caractère mythologique et déclamatoire. Mme Tallien présida le festin sous la figure de la *Sagesse*. L'intervention de la *Sagesse* ne fut pas inutile pour empêcher les rixes entre les convives. « J'avais réuni, a écrit Mme Tallien, tous les députés marquants et exagérés de tous les partis. Voyant que par les toasts portés on allait finir par se jeter les assiettes à la tête, je me levai, et avec un sang-froid qui imposa à la bruyante assemblée, je portai ce toast : « A l'oubli des erreurs, au « pardon des injures, à la réconciliation de tous « les Français ! »

L'éclat des fêtes n'empêchait pas Mme Tallien de rougir de son mari. Le sang versé par lui à Quiberon faisait horreur à une femme bonne et sensible comme elle. La réputation de cruauté de l'homme dont elle portait le nom fut comme une tunique de Nessus dont elle ne pouvait se détacher. Tout en se rendant bien compte qu'ils lui devaient leur salut, les royalistes n'épargnaient pas certains sarcasmes à leur libératrice, et plus d'un blasphémateur troublait avec irrévérence les litanies de Notre-Dame de Thermidor.

L'astre de Tallien pâlissait. Sa femme, en se rapprochant de l'ancienne société, se souvenait d'avoir été marquise, elle qui devait être un jour princesse, et tant souffrir de n'ètre pas reçue à la cour du roi de Hollande. Les clubs, où elle avait paru à Bordeaux, ne lui paraissaient plus qu'une mascarade mêlée de tragédie. Elle fut un jour si contente d'un article réactionnaire de Lacretelle, qu'elle lui permit de baiser « un bras digne de la Vénus du Capitole ». Mais peu de temps après, il vit la même faveur accordée à un député montagnard converti, ce qui le fit revenir à lui-même. Au lendemain de l'affaire de Quiberon, il trouva Notre-Dame de Thermidor plongée dans le désespoir, et il nous a raconté lui-même la conversation qu'il eut avec elle.

Lacretelle se présenta avec un visage consterné. La pâleur inaccoutumée de Mme Tallien révélait de vives souffrances, des insomnies cruelles. Il ne lui dit d'abord que des choses banales. « — Est-ce là, répliqua-t-elle, ce que nous avons à nous dire après un pareil événement ? Ah ! sans doute vous me comprenez aussi bien que je vous comprends vous-même ! » Puis en versant un torrent de larmes : « — Que n'étais-je pas là ! s'écria-t-elle. » — « Eh ! mon Dieu, reprit avec feu son interlocuteur, est-il une de ces victimes des guerres civiles qui n'ait dit cent fois : « Ah ! que Mme Tallien n'est-elle ici ? » — Oui, sans doute, je serais parvenue, je crois, à faire différer le supplice ; nous aurions gagné du temps, et, revenue à Paris, j'aurais été à la tête des mères, des filles et des sœurs de ces malheureux émigrés, ou plutôt à la suite de Mlle de Sombreuil, auprès de laquelle je ne suis rien ; oui, j'aurais été frapper à la porte de tous nos Thermidoriens, j'aurais été avec elles à la barre de la Convention. Tout ce que Paris a de plus distingué par l'âme aurait peuplé les tribunes, et un grand acte de clémence aurait été une nouvelle victoire des femmes. Voilà le plan que je méditais lorsque je vis revenir mon mari effaré... Le cruel événement de Quiberon va servir de prétexte à l'ingratitude... Attendez-vous, mon ami, à voir tomber sur moi autant de calomnies que naguère il pleuvait de bénédictions, et ceux qui croiront me devoir encore quelque reconnaissance se contenteront de dire : « Pauvre Mme Tallien ! » — « Pour moi, reprit Lacretelle, il y a un culte auquel je serai

8.

toujours fidèle, c'est celui de Notre-Dame de Bon-Secours ». Sur ces entrefaites, Tallien se montra, Lacretelle ne put lui dire que des paroles glacées.

Dès ce moment, la charmante héroïne de Thermidor eut ses heures de mélancolie et de tristesse, qui devaient assombrir une vie dont l'apparence était radieuse. Elle resta plusieurs mois encore la femme la plus à la mode de Paris. Elle fut l'animation et l'ornement de toutes les fêtes. Elle donna le ton à toutes les élégantes. Mais son rôle politique diminua de jour en jour, et bientôt elle allait céder le pas à une femme qui, en 1795, était encore sa protégée.

XV

MADAME DE BEAUHARNAIS.

Mme de Beauharnais, en 1795, n'était qu'un
satellite qui se mouvait autour de l'astre de Mme
Tallien. Depuis la mort de son mari, elle avait
eu à lutter contre de grandes difficultés pécu-
niaires, un peu aplanies grâce à l'influence de
Notre-Dame de Thermidor. Les biens du vicomte de Beauharnais ayant été confisqués après
son supplice, sa veuve se trouva sans ressources.
La famille de son mari était ruinée, et sa propre
famille n'était pas plus heureuse. Sa mère ne lui
envoyait pas d'argent. La Martinique étant tombée
entre les mains des Anglais, les correspondances
entre cette île et la France étaient devenues très
difficiles. Quatre mois après le 9 Thermidor,
Joséphine n'avait encore reçu aucune nouvelle
de sa mère. Elle lui écrivit le 20 novembre 1794 :
« Une personne qui part pour la Nouvelle-Angle-
terre se charge, ma chère maman, de vous faire
parvenir cette lettre. Je serai bien heureuse qu'elle

puisse vous apprendre que votre fille et vos petits enfants se portent bien. Vous avez sans doute appris le malheur qui m'est arrivé ; je suis veuve depuis quatre mois. Il ne me reste de consolation que mes enfants, et vous, ma chère maman, pour unique soutien. Mon vœu le plus ardent est de nous voir réunis un jour, et j'espère bien que les circonstances nous serviront assez bien pour le voir se réaliser. Adieu, recevez mes tendres embrassements et ceux de vos petits-enfants. Il ne se passe pas de jours que nous ne parlions de vous et que nous n'aspirions au bonheur de vous voir. Adieu encore, ma chère maman. Votre fille qui vous aime de tout son cœur. Ne m'oubliez pas auprès des parents et amis. Bonjour à tous les nègres nés à l'habitation. »

Mme de Beauharnais n'aurait su comment pourvoir à l'entretien de sa fille, si elle n'avait rencontré un appui amical chez un banquier de Dunkerque, M. Emmery. Elle écrivait à sa mère, le 1er janvier 1795 : « Sans les soins de mon bon ami Emmery et de son associé, je ne sais ce que je serais devenue. Je connais trop votre tendresse pour avoir le plus petit doute sur l'empressement que vous mettrez à me procurer les moyens de vivre et de reconnaître, en m'acquittant, ce dont je suis redevable à M. Emmery. »

Après être restée quelque temps à Fontainebleau, auprès de son beau-père, elle s'était fixée à Paris. Elle se souvint toujours avec reconnaissance des services qu'elle avait reçus à cette époque difficile de son existence. Lors de la disette de 1795, elle dînait tous les jours chez une dame Dumoulin, femme riche et obligeante, qui réunissait à sa table quelques amis peu fortunés ; chacun apportait son pain, le pain étant alors un objet de luxe. Mme Dumoulin, sachant que Mme de Beauharnais était encore moins à son aise que les autres convives, la dispensa de cet usage, ce qui, plus tard, devait faire dire à l'impératrice des Français qu'à un certain moment de sa vie elle avait reçu par charité le pain quotidien.

Ce fut Mme Tallien qui améliora cette situation et eut assez d'influence pour faire restituer à Mme de Beauharnais une partie des biens confisqués de son mari. Au lieu d'être jalouses l'une de l'autre, les deux amies qui s'appréciaient et s'aimaient, devinrent inséparables. Sans doute, on rencontrait dans le salon de Mme Tallien bien des personnes, — à commencer par le maître de la maison, — qui auraient pu choquer une femme d'ancien régime, une veuve d'un noble guillotiné. Mais l'an III n'était pas une époque de scrupules. Rien ne paraissait étrange dans une société qui avait vu tant de choses étonnantes qu'elle ne connaissait plus le sentiment de la surprise. Proscrits et proscripteurs s'habituaient tous les uns aux autres, et les haines si vives encore dans la province, surtout dans l'Ouest et le Midi, s'émoussaient vite dans ce Paris blasé de tout.

même du crime. La vicomtesse de Beauharnais n'avait pas de répugnance à s'asseoir à la table de l'ancien proconsul régicide, et de son côté Mme Tallien était flattée de l'amitié d'une femme, qui, autrefois, aurait fait bonne figure à Versailles, dans la galerie des Glaces ou dans la salle de l'Œil-de-Bœuf. Les héroïnes de la Révolution n'oubliaient pas les beaux jours de la monarchie, et le temps devait arriver où la citoyenne Tallien, comme l'appelait son époux d'aventure, serait toute joyeuse de s'appeler Mme la princesse de Chimay.

En 1795, la future impératrice Joséphine avait trente-deux ans. Sa beauté était un peu passée. Mais la toilette et le fard lui rendaient facilement de l'éclat, et la charmante créole n'avait pas de peine à réparer ce qui n'était nullement irréparable. Assurément elle n'avait pas la splendeur triomphante de Mme Récamier et de Mme Tallien. Mais elle était si séduisante, si gracieuse, si raffinée dans l'art de plaire, qu'elle trouvait le moyen de se faire admirer, même à côté de ces deux femmes exceptionnelles. Au dire d'Arnault, l'auteur des *Souvenirs d'un sexagénaire*, « l'égalité de son humeur, la facilité de son caractère, la bienveillance qui animait son regard, et qu'exprimaient non-seulement ses discours, mais aussi l'accent de sa voix, certaine indolence naturelle aux créoles, qui se faisait sentir dans ses attitudes, comme dans ses mou-

vements, et dont elle ne se défaisait même pas
entièrement dans l'empressement qu'elle mettait
à rendre un service, tout cela lui prêtait un charme
qui balançait l'éclatante beauté de ses deux rivales ». Le baron de Couston en a fait un portrait
enthousiaste, dans sa *Biographie des premières années
de Napoléon Bonaparte*. « Cette veuve, dit-il, était
charmante, d'une figure angélique, attrayante,
pleine de bonté ; elle était d'une taille moyenne,
mais modelée avec une rare perfection ; il y avait
une souplesse, une légèreté incroyable dans tous
ses mouvements ; sa démarche aérienne respirait
la majesté ; sa physionomie était expressive. Belle
dans la joie comme dans la douleur, elle offrait
dans ses yeux son âme tout entière ; ils étaient
bleu foncé, à demi fermés par de longues pau-
pières légèrement arquées, entourés des plus
beaux cils du monde, et doués d'un regard irrésistible. Elle avait des cheveux longs, blonds,
soyeux, la peau éblouissante de finesse, un son
de voix ravissant. » Michelet nous la représente
ainsi, un peu avant son mariage avec Bonaparte.
Sa délicate santé lui donnait des grâces atten-
drissantes. Ses yeux de créole, doux et comme
suppliants, sous des sourcils surbaissés, la rendaient intéressante et presque irrésistible, en tout
ce qu'elle voulait auprès de ses nombreux amis.
Elle n'était pas sans mérite. Elle sentit l'une des
premières le charmant génie du grand peintre du
temps, Prudhon, ce qui était rare sous le règne

de David. Elle avait des amitiés, d'aimables relations dans l'art, la littérature et les journaux. Depuis le 9 thermidor, la presse avait recouvré la voix, et peu à peu devenue moins violente, elle était plus influente que jamais. » Avec ses amies, Mme de Château-Renaud, Mme de Navailles, et quelques autres femmes de l'ancienne noblesse, Joséphine formait une petite coterie qui, tout en étant bien avec les personnages officiels du moment, rappelait les élégantes traditions du faubourg Saint-Germain : « Tout était cependant encore bien incomplet, a dit le duc de Raguse, en parlant de cette société, et la tenue des hommes n'avait guère de rapport avec les usages de la bonne compagnie de tous les pays et de tous les temps. »

Avant les restitutions que Tallien lui fit obtenir, Mme de Beauharnais était obligée de vivre simplement, et pourtant elle passait pour l'arbitre du goût. Elle s'occupait des trocs que faisaient les femmes d'alors pour changer leurs châles et leurs bijoux, et cela l'aidait un peu à vivre. Qui eût dit à ce moment que dix ans plus tard elle serait la souveraine de la France ?

La future impératrice était restée royaliste dans l'âme. Vivement impressionnée par le supplice de son époux et par les crimes de la Terreur, elle devait conserver un ineffaçable souvenir du temps qu'elle avait passé en prison, et les excès révolutionnaires lui inspirèrent toute sa vie une répulsion profonde. En choisissant, pour y placer sa fille, le pensionnat dirigé par une ancienne femme de la reine Marie-Antoinette, par Mme Campan, elle montrait bien quelles étaient ses relations de famille, ses origines et ses sympathies. Un mois après la mort de Robespierre, Mme Campan n'ayant plus rien qu'un assignat de 500 livres, et obligée de faire vivre toute une famille, avait eu l'idée de fonder à Saint-Germain un pensionnat de jeunes filles. Elle s'associa une religieuse, pour témoigner des principes dans lesquels elle voulait instruire ses élèves. N'ayant pas les moyens de faire imprimer ses prospectus, elle en copia cent exemplaires à la main, et les envoya aux personnes de sa connaissance qui avaient des filles à élever. Au début, elle n'avait que trois élèves ; au bout d'une année, elle en eut soixante, et bientôt après cent. Mme de Beauharnais, qui avait conservé pour la mémoire de Marie-Antoinette un véritable culte, fut heureuse de confier sa fille Hortense, alors âgée de douze ans, et sa nièce Emilie de Beauharnais, la future Mme de Lavalette, à une femme qui avait été honorée de l'amitié de la reine martyre.

Vers l'automne de 1795, Joséphine alla passer quelques jours à Hambourg, pour y trouver des moyens plus sûrs de faire parvenir ses lettres à sa mère et de recevoir par des correspondants l'argent qui pourrait lui être envoyé de la Martinique. Elle ne se doutait guère alors des destinées prochaines qui l'attendaient. De Hambourg, elle écrivait à sa mère, le 30 octobre 1794 : « Pourquoi ne sommes-nous pas réunis, ma chère maman ? Que de peines et de chagrins un tel bonheur n'eût-il pas épargnés à votre chère Yeyette ? Elle espère voir bientôt se réaliser ce qu'elle désire depuis si longtemps ; il faut pour cela suivre le conseil de nos bons amis, qui est de faire passer ici tout ce que vous pourrez, et ensuite venir rejoindre vos enfants, qui vous aiment et vous chérissent. Recevez-en l'assurance et leurs plus tendres caresses. Adieu, ma bonne et bien-aimée maman. » Joséphine engageait inutilement sa mère à se rendre en France. Qui sait ? Celle qui allait être dans quelques années l'impératrice des Français et la reine d'Italie aurait peut-être été plus heureuse de partir pour la Martinique et d'y finir paisiblement ses jours dans l'habitation paternelle ! La gloire et le malheur lui auraient été ainsi épargnés ! Mais Dieu en avait décidé autrement. L'heure approchait où elle allait rencontrer sur sa route l'homme du Destin, celui qui devait lui faire verser tant de larmes de joie et tant de larmes de douleur ; celui qui lui réservait deux journées si différentes l'une de l'autre : le jour du couronnement et le jour du divorce !

SECONDE PARTIE

I

L'ENFANCE DE BONAPARTE.

Assurément Jean-Jacques Rousseau ne se
doutait pas lui-même du degré auquel sa prédiction devait se réaliser, quand il écrivait, à propos de la Corse : « J'ai quelque pressentiment
qu'un jour cette petite île étonnera l'Europe. »

Le 15 août 1769, un enfant venait au monde
sur un tapis qui représentait des héros de l'*Iliade*.
Sa mère était une femme belle et vaillante, qui,
au moment où elle le portait dans ses entrailles,
avait vécu, à cheval, au milieu des camps, du
bruit des armes et de tous les hasards d'une
guerre ardente. Femme comparable aux héroïnes
de Plutarque, aux Porcia et aux Cornélie, elle
avait fait, au sujet de cet enfant, des rêves qui
devaient être dépassés de beaucoup par la réalité. Paoli était en ce moment le héros de la
Corse, dont il défendait avec acharnement l'indépendance, et la mère du futur vainqueur
d'Austerlitz ne se doutait guère, malgré son
ambition, que son fils serait le souverain de cette

France contre laquelle les Corses combattaient avec tant d'énergie.

L'enfant naquit deux mois après le combat de Ponte-Nuovo, où l'indépendance de l'île succomba sous les armes françaises. Sa première enfance grandit parmi les souvenirs de la lutte nationale, qui avait excité à un si haut degré l'âme ardente de ses compatriotes. Son modèle, son idole, ce fut d'abord Paoli. Paoli, suivant la remarque de Stendhal, devait être comme le type et l'image de toute la vie future de Napoléon. Il avait fait en petit, dans son île, ce que Napoléon devait faire en France sur une grande échelle. Il avait débuté à vingt-neuf ans par commander en chef. Ayant sans cesse à la bouche les maximes de Plutarque et de Tite-Live, qui seront le catéchisme de son imitateur, il avait été tour à tour conquérant et organisateur politique. Les exploits de ce patriote furent la première histoire racontée au petit Napoléon. L'on montre encore en Corse, à quelques pas de Milleli, une grotte formée par la chute et la rencontre de deux blocs de granit ; c'est là que, se séparant des jeux de ses camarades, l'enfant, penseur précoce, aimait à méditer. « Ainsi, par un bonheur étrange, et que les enfants des rois n'ont point obtenu, rien de mesquin, rien de petitement vaniteux n'agite les êtres qui entourent le berceau de Napoléon. Supposons-le né en 1769, second fils d'un marquis de Picardie ou de Languedoc, lequel a vingt-cinq mille livres de rente. Qu'entendra-t-il autour de lui ? Des anecdotes de galanterie, des récits mensongers sur l'antiquité de sa race.... Au lieu de ces misères, Napoléon n'entend parler que de la lutte d'une grande force contre une autre grande force : les gardes nationales d'une petite île de cent quatre-vingt mille habitants, conduites par un jeune homme élu par elles, osant lutter contre le royaume de France, qui, humilié d'abord et battu, finit par envoyer en Corse vingt-cinq mille hommes et le comte de Vaux, son meilleur général [1]. » Ces choses sont racontées à Napoléon, enfant, par une mère héroïque.

Cependant, elle était passée, comme son mari Charles Bonaparte, dans le parti français, pour lequel elle fit désormais les plus grands sacrifices, et vit plusieurs fois sa maison brûlée par les factions contraires. Du moment où il fut convaincu que l'annexion à la France était la combinaison la plus avantageuse à ses compatriotes, Charles Bonaparte s'attacha sincèrement à sa nouvelle patrie, et en devint le zélé serviteur. Le gouvernement de Louis XV eut l'habileté de ne pas traiter la Corse en pays vaincu ; il lui accorda ce que les plus belles provinces de France n'avaient plus : des états provinciaux. Loin de persécuter dans la personne de Charles Bonaparte le patriote qui lui avait résisté jusqu'au dernier

1. Stendhal. *Vie de Napoléon*. Fragments.

moment, il accorda toute sa confiance à ce gentilhomme corse qui devint successivement conseiller du roi, assesseur de la ville d'Ajaccio, député de la province de Corse à la cour de Versailles, et enfin membre du conseil des douze nobles de l'île. Ami intime du comte de Marbeuf, qui en était le gouverneur, il oublia la guerre d'indépendance et le temps où sa vaillante compagne, grosse de sept mois, et portant dans son sein le futur empereur Napoléon, errait à cheval, de montagne en montagne, de ravin en ravin, de torrent en torrent, pour échapper à l'invasion française. Des treize enfants qu'il avait eus de cette femme intrépide, il lui restait cinq garçons et trois filles, et ce n'était pas chose facile pour un homme qui, comme lui, n'avait qu'une fortune très médiocre, de préparer l'avenir d'une si nombreuse famille. Heureusement il obtint trois bourses : l'une pour son fils aîné Joseph, au séminaire d'Autun ; l'autre pour son second fils Napoléon, à l'école militaire de Brienne ; la troisième pour sa fille aînée à Saint-Cyr. Il les emmena tous trois en France, où il se rendait avec une députation de la noblesse corse, à la fin de 1778.

Le petit Napoléon, qui était alors dans sa dixième année, entra, le 12 mai 1779, à l'école de Brienne, qui, tout en étant une école militaire, était dirigée par des religieux, les Minimes. Il conçut de l'attachement pour ses professeurs ;

mais il garda, profondément gravé dans le cœur, le regret de sa patrie, la Corse. Il l'aimait de toute son âme cette île pittoresque, pauvre et fière, avec ses montagnes couronnées de forêts primitives et sillonnées de profondes vallées. A la fin de sa carrière, il aimera à se rappeler ses souvenirs d'enfance, et sur le rocher où il mourra, prisonnier des Anglais, il reverra en imagination l'horizon paternel, qu'il regrettait aussi dans sa première captivité, à l'école de Brienne. Alors, il s'écriera : « La patrie est toujours chère. Sainte-Hélène même pourrait l'être à ce prix. » Devant le fidèle serviteur destiné à rédiger le *Mémorial*, il se plaira à détailler les attraits de la Corse. Il dira que les insulaires ont toujours quelque chose d'original par leur isolement qui les préserve des irruptions et du mélange perpétuel qu'éprouve le continent ; que les habitants des montagnes ont une énergie de caractère et une trempe d'âme qui leur est toute particulière. Il s'arrètera avec émotion sur les charmes de sa terre natale. Tout y était meilleur, dira-t-il; il n'était pas jusqu'à l'odeur du sol même, elle lui eût suffi pour le deviner les yeux fermés ; il ne l'avait retrouvée nulle part. Il s'y voyait dans ses premières années, à ses premières amours ; il s'y trouvait dans sa jeunesse, au milieu des précipices, franchissant les sommets élevés, les vallées profondes, les gorges étroites ; recevant les honneurs et les plaisirs de l'hospitalité, parcourant la ligne des parents dont les querelles et les vengeances s'étendaient jusqu'au septième degré. Une fille, ajoutait-il, voyait entrer dans la valeur de sa dot le nombre de ses cousins.

Son patriotisme était plein de fierté. A Sainte-Hélène, se rappelant que lors du vote de déchéance on avait dit au Sénat que la France avait été chercher un maître chez un peuple dont les Romains ne voulaient pas pour esclave : « Ce sénateur, s'écria-t-il, a pu vouloir m'injurier, mais il faisait là un grand compliment aux Corses. Il disait vrai ; jamais les Romains n'achetaient d'esclaves corses ; ils savaient qu'on n'en pouvait rien tirer. Il était impossible de les plier à l'esclavage. »

Au commencement comme à la fin de sa carrière, à Brienne comme à Sainte-Hélène, Napoléon fut prisonnier. Son camarade d'école, Bourrienne, nous le représente taciturne, triste, fréquentant peu les autres élèves, ne se mêlant pas à leurs jeux. Dès qu'arrivait le moment de la récréation, il courait à la bibliothèque, où il lisait avec avidité les livres d'histoire, surtout Polybe et Plutarque. « Ses camarades, a dit Michelet, singeaient son attitude bizarre, son air rêveur. Il suivait à l'italienne ses pratiques religieuses, ce qui semblait hypocrisie à ces petits philosophes. Cela achevait de le faire pour tous la bête noire ; mais, en revanche, le mit si bien avec ses maîtres qu'il faisait tout ce qu'il voulait.

Le sous-principal, un minime, l'abbé Dupuy, l'avait pris en affection, et ne craignait pas d'ouvrir la bibliothèque à un si sage écolier. Napoléon resta un Corse, catholique et fataliste, l'image de sa mère, et eut toujours pour fonds du fonds Mme Lætitia. »

Elève du roi, c'est-à-dire ne payant pas de pension, il se raidissait, par l'orgueil, contre sa pauvreté. Les premières punitions qu'on infligea à cet enfant si fier lui firent l'effet d'un fer rouge. Il eut des convulsions, et parut comme épileptique. Un jour, condamné brutalement par un sous-maître à dîner à genoux, revêtu de bure, à la porte du réfectoire, il obéit en silence, mais à peine eut-il ployé le genou qu'une violente attaque de nerfs le saisit. Il s'était arrangé une sorte de cabane en verdure où, dans les heures de récréation, il se retirait pour lire. Un jour, les autres élèves entreprirent d'envahir cette retraite ; il se défendit comme un lion.

Cet enfant morose, mélancolique, parlant à peine français, petit de taille, l'air chétif, tourné en ridicule par ses camarades, se considérant en France comme un étranger, un vaincu, un captif, n'avait sans doute alors aucun pressentiment de sa gloire. C'est tout au plus s'il espérait pouvoir prouver sa haine à ceux qu'il regardait comme ses oppresseurs. « Le caractère du jeune Corse, dit Bourrienne, était encore aigri par les moqueries des élèves, qui le plaisantaient souvent sur son prénom Napoléon, et sur son pays. Il me dit plusieurs fois avec humeur . « Je ferai à tes » Français tout le mal que je pourrai. » Et lorsque je cherchai à le calmer : « Mais toi, disait-il, tu » ne te moques jamais de moi, tu m'aimes. » Il avait déjà comme un vague instinct de la guerre, une vocation. Dans le rude hiver de 1783 à 1784, il transforma les tas de neige en bastions, en parapets, en tranchées, et partagea les élèves de l'école en deux camps. Il se fit nommer général en chef des assiégeants, qu'il mena si énergiquement à l'attaque, que le jeu dut être interrompu, plusieurs élèves ayant reçu de véritables blessures. Ce furent là ses premières batailles.

En octobre 1784, il passa de l'Ecole militaire de Brienne à celle de Paris. Il avait quinze ans. La note suivante l'avait précédé dans sa nouvelle école : « Caractère dominant, impérieux, entêté. » Cette appréciation était exacte. Il blâmait tout sans ménagement dans son nouveau prytanée. Il adressa un mémoire au sous-principal sur les vices de l'éducation qu'on y recevait. Il prétendait prouver combien, pour de pauvres gentilshommes élèves du roi et destinés au métier des armes, une pareille éducation était pernicieuse. Suivant lui, elle ne tendait, au lieu de l'amour de la gloire, qu'à leur inspirer celui de la gloriole, de lâches habitudes, des sentiments de suffisance et de vanité ; enfin, le dédain du modeste manoir où ils rentreraient peut-être un jour en rougissant de la pauvreté de leurs parents. « Ne vaudrait-il pas mieux, ajoutait-il, astreindre les élèves à se suffire à eux-mêmes, c'est-à-dire moins leur petite cuisine qu'ils ne feraient pas, leur faire manger du pain de munition ou d'un qui en approcherait, les habituer à battre, brosser leurs habits, à nettoyer leurs souliers et leurs bottes ? » C'est le programme que l'écolier, devenu empereur, fera plus tard appliquer, dans toutes les écoles militaires. Quelques-uns de ses maîtres lui avaient reconnu des aptitudes remarquables. L'un d'eux en avait dit : « J'ai aperçu là une étincelle qu'on ne saurait trop cultiver. » Un autre lui avait donné cette note : « Corse de nation et de caractère, il ira loin, si les circonstances le favorisent. » Un troisième avait dit « qu'il lui semblait voir du granit chauffé au volcan dans la grandeur incorrecte et bizarre des amplifications de cet élève ! »

Napoléon était encore à l'Ecole militaire de Paris, quand, le 24 février 1785, son père mourut à Montpellier, du même mal dont lui-même devait mourir à Sainte-Hélène : un squirre à l'estomac. Le général de Ségur a raconté que Charles Bonaparte, dans le délire de l'agonie, ne vit de ses huit enfants que le futur empereur, et que, par un singulier hasard ou par une inexplicable inspiration, on l'entendit, à plusieurs reprises, « appeler la grande épée de Napoléon à son secours. »

II

LES DÉBUTS DE BONAPARTE.

Le 30 octobre 1785, Napoléon commence sa carrière militaire [1]. Il a quinze ans. Nommé lieutenant en second au 1er régiment d'artillerie, qui est désigné sous le nom de régiment de la Fère, il se rend à Valence sa première garnison. Ses débuts sont inquiets, tourmentés. Au milieu d'une nation si différente de la Corse par les mœurs, le gouvernement, le caractère, le jeune admirateur de Paoli se sent d'abord dépaysé. Il sert Louis XVI; mais il n'est pas encore habitué à regarder la France comme sa véritable patrie. C'est la Corse qui a toute son âme. Aussi comme il est heureux d'y retourner en 1787, après avoir obtenu un semestre ! Son frère aîné, Joseph, nous le montre tout ému de revoir le sol natal et de respirer l'air salubre, vivifiant des montagnes paternelles. « Ce fut un grand bonheur pour notre mère et pour moi, a dit le roi Joseph dans

1. Voir le curieux ouvrage de M. le colonel Yung : *Bonaparte et son temps*.

ses Mémoires... L'aspect du pays lui plut. Ses habitudes étaient celles d'un jeune homme appliqué et studieux. Il était alors admirateur passionné de Jean-Jacques, ce que nous appelions être habitant du monde idéal, amateur des chefs-d'œuvre de Corneille, de Racine, de Voltaire, que nous déclamions journellement. Il avait réuni les œuvres de Plutarque, de Platon, de Cicéron, de Cornélius Népos, de Tite-Live, de Tacite, traduites en français, celles de Montaigne, de Montesquieu, de Raynal. Tous ces ouvrages occupaient une malle de plus grande dimension que celle qui contenait ses effets de toilette. » Il se promenait avec Joseph, sur le rivage de la mer, bien au delà de la chapelle des Grecs (chapelle célèbre près d'Ajaccio), en côtoyant un golfe aussi beau que celui de Naples, dans un pays parfumé par les exhalaisons des myrtes et des orangers. Souvent les deux frères ne rentraient à la maison qu'à la nuit close. Quelque entretien sur la littérature ou sur l'histoire leur avait fait oublier le temps. « Napoléon, a dit Joseph, réunissait en lui des qualités qui semblent vouloir se combattre : le calme d'une raison éclairée avec les éclairs d'une imagination orientale, une bonté d'àme, une sensibilité exquises, qu'il devait à son caractère naturel, qualités précieuses qu'il a cru par suite devoir cacher sous un caractère factice qu'il s'était étudié à donner, lorsqu'il parvint au pouvoir, prétendant que les hommes avaient besoin d'être conduits par un homme fort et juste comme la loi, et non par un prince dont la bonté devait être prise pour faiblesse, lorsqu'elle ne reposait pas sur l'inflexible justice.

Lieutenant au régiment de La Fère, le jeune Napoléon fait rêves sur rêves. Toutes les ambitions le travaillent à la fois : ambition littéraire, ambition militaire. Il cherche encore sa voie. Il veut être guerrier, réformateur, écrivain. Les retards l'impatientent et l'irritent. Ainsi que dans les grands enfantements, a dit le général de Ségur, se sent-il, dès lors, tourmenté par l'énormité de sa destinée prochaine ? Il y a tels moments où il prend l'existence en horreur, où il écrit des lignes lugubres comme celles-ci : « Toujours seul au milieu des hommes, je rentre pour rêver avec moi-même, et me livrer à toute la vivacité de ma mélancolie. De quel côté est-elle tournée aujourd'hui ? Du côté de la mort !... Si j'avais passé soixante ans, je respecterais les préjugés de mes contemporains, et j'attendrais patiemment que la nature eût achevé son cours ; mais puisque je commence à éprouver des malheurs, que rien n'est plaisir pour moi, pourquoi supporterais-je des jours où rien ne me prospère ? » Cet ennui de la vie ne dure pas. L'homme d'action n'est pas un rêveur. Ne pouvant pas encore se servir de l'épée, il se sert de la plume. Son premier écrit imprimé date de 1790, année où il était en garnison à Auxonne. C'est une lettre à un Corse, Matteo Buttafoco, pamphlet satirique à la manière de Plutarque. Chateaubriand nous le représente, dans cette période littéraire, attiré à tout endroit du bruit « comme l'oiseau appelé par le miroir ou courant à l'appeau, » attentif aux questions académiques, et y répondant, s'adressant avec assurance aux personnes puissantes qu'il ne connaissait pas, se faisant l'égal de tous, avant d'en devenir le maître. Il rédige un essai sur les révolutions de la Corse, travail dont, à son passage à Marseille, il communique une copie manuscrite à l'abbé Raynal, et celui-ci écrit, après avoir envoyé le travail à Mirabeau : « M. de Mirabeau a remarqué, dans ce petit essai, des traits qui dénotent un génie de premier ordre. Il engage le jeune auteur à se rendre à Paris. » Un peu plus tard, Bonaparte compose un mémoire en réponse à cette question posée par l'Académie de Lyon : « Quels sont les principes et les institutions à donner aux hommes pour les rendre le plus heureux possible ? » Le mémoire est remarqué ; mais le jeune officier, craignant les quolibets de ses camarades, a jugé prudent de garder l'anonyme. Il envoie spontanément aux ministres des rapports sur l'organisation de la Corse, sur des projets de défense de Saint-Florent, de la Mortella, du golfe d'Ajaccio, sur la manière de disposer le canon pour jeter des bombes. « On ne l'écoutait pas plus qu'on avait écouté Mirabeau lorsqu'il rédigeait à Berlin des projets relatifs à la Prusse et à la Hollande. Il étudiait la géographie. On a remarqué qu'en parlant de Sainte-Hélène, il la signale par ces seuls mots : « petite île. » Il s'occupait de la Chine, des Indes, des Arabes. Il travaillait sur les historiens, les philosophes, les économistes : Hérodote, Strabon, Diodore de Sicile, Filangieri, Mably, Smith, etc. A ces ingrates études il mêlait des pages d'imagination ; il parle des femmes ; il écrit le *Masque prophète*, le *Roman corse*, une nouvelle anglaise, le *Comte d'Essex* ; il a des dialogues sur l'amour qu'il traite avec mépris, et pourtant il adresse en brouillon une lettre de passion à une inconnue aimée ; il fait peu de cas de la gloire, et ne met au premier rang que l'amour de la patrie, et cette patrie c'est la Corse [1]. »

Quand la Révolution éclate, il se passionne pour les idées nouvelles, c'est aux Corses qu'il pense bien plutôt qu'aux Français. Quelques semaines avant la prise de la Bastille, il adresse au ministre Necker un travail qui a pour titre : « Derniers cris d'un vieillard corse mourant, sur les douleurs de sa patrie opprimée par la conquête. » Presque en même temps il écrit à Paoli, alors en Angleterre, une lettre qui commence de la sorte : « Général, je naquis quand la patrie périssait. Trente mille Français vomis sur nos côtes, noyant le trône de la liberté dans des flots de sang, tel fut le spectacle odieux qui vint le premier frapper

1. Châteaubriand. *Mémoires d'outre-tombe*.

mes regards; » et une autre lettre à M. Gubica, greffier en chef des états de la Corse, où il s'exprime ainsi : « Tandis que la France renaît, que deviendrons-nous, nous autres infortunés Corses? Toujours vils, continuerons-nous à baiser la main insolente qui nous opprime ? Continuerons-nous à voir tous les emplois que le droit naturel nous destinait, occupés par des étrangers aussi méprisables par leurs mœurs et leur conduite que leur naissance est abjecte ? »

Mais Paoli vient de se rallier à la France. Il a quitté Londres, son refuge depuis 1769. Présenté à Louis XVI par La Fayette, il a été nommé lieutenant-général dans les armées du roi et chargé du gouvernement militaire de la Corse. L'île toute entière lui a fait un accueil triomphal. Ami de la famille Bonaparte, il gouverne avec elle. Joseph est administrateur d'Ajaccio, Lucien, qui n'a que dix-sept ans, est orateur du peuple, Mme Bonaparte est la femme la plus influente de la ville. Napoléon qui arrive en Corse au mois d'octobre 1791, appelé par son grand-oncle l'archidiacre expirant, est nommé commandant d'un bataillon de gardes nationales. Paoli lui promet alors un grand avenir : « Bonaparte, lui dit-il, tu n'as rien de moderne. Tu appartiens à Plutarque. Le monde entier parlera de toi. Dieu te protège. » Le 6 février 1792, le jeune officier, lieutenant depuis plus de six ans, devient, par ancienneté, capitaine au 4e régiment d'artillerie. Au lieu de rejoindre tout de suite son nouveau régiment, il prolonge de sa propre autorité, son congé en Corse. Un instant il est rayé des cadres; mais il se rend à Paris, y explique sa conduite, et obtient sa réintégration dans son grade.

Il assiste, spectateur ignoré, aux deux insurrections qui frappent de mort la royauté : le 25 juin et le 10 août. Le spectacle de ces deux journées lui cause une impression profonde. Le 25 juin, sortant avec Bourrienne d'un restaurant de la rue Saint-Honoré, près du Palais-Royal, il aperçoit cinq ou six mille individus déguenillés qui poussent des hurlements, et marchent contre les Tuileries. « Suivons ces gueux, » dit-il, et il va se poster sur la terrasse du bord de l'eau, d'où il contemple, perdu dans la foule, le palais où, quelques années plus tard, il règnera : « Quelle lâcheté, s'écrie-t-il, quelle canaille ! Il fallait, avec du canon, en balayer quatre ou cinq cents, et le reste courrait encore. » Le soir du 10 août, il écrit à son frère : « D'après ce que j'ai vu de l'esprit des groupes du matin, si Louis XVI était monté à cheval, la victoire lui fût restée. »

Le mois suivant, il retourne en Corse, où il reconduit sa sœur Elisa, sortie de la maison de Saint-Cyr. A ce moment, Paoli, indigné des excès révolutionnaires, se dégoûte de la France. Le meurtre de Louis XVI achève de l'exaspérer. Désormais les Français lui paraissent aussi exécrables que les Gênois eux-mêmes, ces éternels ennemis de la Corse. « Les misérables, dit-il à Lucien Bonaparte, ils ont égorgé leur roi ! leur roi, le meilleur des hommes ! Un saint, un saint, un saint ! Non, la Corse ne veut plus d'eux, je n'en veux plus ! Qu'ils gardent leur sanglante liberté, elle n'est point faite pour mes braves montagnards ! Il vaudrait mieux redevenir Gènois ! Lucien, j'attends tes frères, malheur à qui se prononcera pour des brigands ! Je ne connaîtrai plus personne, personne ! pas même les fils de Charles Bonaparte ! »

Napoléon se présente devant Paoli. Une discussion s'engage. Paoli prononce le nom de l'Angleterre. « La Corse est française, s'écrie Napoléon, elle le sera éternellement. En France, l'anarchie sera éphémère. L'Angleterre est l'ennemie de la liberté des peuples. Elle est vénale. Je la repousse à jamais comme protectrice de la Corse. » Napoléon s'échappe rapidement, pour fuir la colère de Paoli, et va se cacher aux Sanguinares, lieu sauvage où le nourrit un berger de la contrée ; puis il parvient à rejoindre à Bastia son frère Joseph et les représentants de la Convention, avec lesquels il cherche ensuite un refuge sur la flotte française. Paoli vient de lever l'étendard de l'insurrection, soutenu par l'Angleterre. Le cornet insulaire retentit dans toutes les montagnes. Les couleurs françaises sont partout abandonnées, excepté dans la ville d'Ajaccio, où Mme Bonaparte maintient le drapeau tricolore.

Entourée de ses trois filles et de ses deux plus jeunes fils, Louis et Jérôme, elle attend de minute en minute, l'arrivée de la flotte française. La flotte française ne paraît pas. Tout à coup, dans la nuit, la femme intrépide se réveille en sursaut. Elle aperçoit sa chambre remplie de montagnards, et se croit entre les mains des partisans de Paoli. Mais non ! A la lueur des torches de bois de sapin, elle reconnaît des figures amies. C'est le montagnard Costa, qui lui amène trois cents braves gens pour la sauver. Elle se lève, se place au centre de la petite troupe avec ses enfants, et sort silencieusement de la ville endormie. Le matin, quand le jour commence à poindre, elle s'arrête tout près du rivage, sur une hauteur, au milieu d'un bois. Costa lui montre à l'horizon la flotte française, qui s'est trop longtemps fait attendre, et, dans Ajaccio, un tourbillon de flammes qui s'élève. « Regardez, s'écrie-t-il, signora Lætitia ! Voilà vos fils qui arrivent, mais voilà votre maison qui brûle ! — Qu'importe ! réplique la mère de Napoléon, nous la rebâtirons plus belle ! Vive la France ! »

III

BONAPARTE, RÉPUBLICAIN.

Un jour, à Sainte-Hélène, l'empereur causait de la République, avec le général Bertrand et le comte de Las-Cases. Il avouait avoir été très chaud républicain, et, de fort bonne foi, au commencement de la Révolution ; il s'était refroidi par degré ; son patriotisme s'était affaissé, disait-il, sous les absurdités politiques et les monstrueux excès civils de nos législatures. « Pour moi, dit le général Bertrand, je n'ai jamais été républicain, mais j'ai été très chaud constitutionnel jusqu'au 10 août, où les horreurs du jour m'ont guéri de toute illusion, et où je faillis être massacré en défendant le roi aux Tuileries. — Quant à moi, dit Las-Cases, il est notoire que j'ai débuté par être royaliste pur, et des plus ardents ! C'est donc à dire, messieurs, reprit plaisamment l'empereur, qu'ici je suis le seul qui ait été républicain ? — Et encore, sire ! répliquèrent ses interlocuteurs. — Oui, répéta Napoléon, républicain et patriote ! »

Le duc de Raguse a dit de l'empereur dans ses *Mémoires* : « Eloigné par caractère de tous les excès, il avait pris les couleurs de la Révolution, sans aucun goût, mais uniquement par calcul et par ambition. Son instinct supérieur lui faisait dès ce moment entrevoir les combinaisons qui pourraient lui ouvrir le chemin de la fortune et du pouvoir. Son esprit naturellement profond avait déjà acquis une grande maturité, plus que son âge ne semblait le comporter. Il avait fait une grande étude du cœur humain ; cette science est d'ailleurs l'apanage des peuples à demi barbares où les familles sont dans un état de guerre constant entre elles, et à ces titres, tous les Corses la possèdent. »

Sous la monarchie, Bonaparte avait mis plus de six ans pour passer d'un grade à un autre. Il eut le pressentiment que sous la République sa carrière irait beaucoup plus vite. En 1793, nous le trouvons franchement républicain. C'est, du reste, sa mère qui lui a donné l'exemple. Elle est restée Française, elle est restée républicaine, malgré tous les conseils de Paoli. Fuyant son île, elle a rejoint, sur une embarcation légère, le navire français qui portait ses fils. Dépouillée de tout, mais sans se plaindre, elle s'est réfugiée à Marseille, où elle n'a vécu que de la solde de Napoléon et d'un faible secours accordé par la Convention aux réfugiés corses.

La guerre civile désole le Midi. Le jeune officier n'hésite pas à servir la cause républicaine. On le voit paraître, sous les drapeaux de l'armée conventionnelle, à Avignon, à Tarascon, à Beaucaire, à Valence, à Lyon, à Auxonne. C'est de là qu'il part pour assiéger Toulon, qui est aux mains des royalistes et des Anglais. Il arrive le 22 septembre 1793, et y prend le commandement des batteries. Dès le 24, il signale d'un premier coup d'œil, le seul point où l'attaque pourra être efficace. « Il faut, dit-il, s'emparer du fort Murgrave, bâti par les Anglais sur la hauteur du promontoire le Caire, et placer sur les deux monticules de l'Eguillette et de Balaguier des batteries qui, foudroyant la grande et la petite rade, contraindront la flotte anglaise à s'éloigner. » Le siège de Toulon durera trois mois. Peu de jours auraient suffi, si l'on avait tout d'abord écouté Bonaparte. Enfin, l'on se décide à suivre ses conseils. Tout arrive comme il l'a prédit. Le général en chef, Dugommier, écrit au Comité de salut public : « Avancez ce jeune homme, car si vous étiez ingrats envers lui, il s'avancerait tout seul. » Bonaparte reçoit sa récompense. Car, s'il n'est pas nommé dans la lettre des représentants qui annoncent la prise de Toulon à la Convention, en revanche, il est promu du grade de chef de bataillon à celui de général de brigade, sans passer par le grade intermédiaire. Les conventionnels Robespierre le jeune, Salicetti, Fréron, Barras, ensanglantent la victoire. Huit cents victimes sont réunies au Champ de Mars de Toulon, et on les mitraille. Les commissaires s'avancent en criant : « Que ceux qui ne sont pas morts se relèvent ; la République leur fait grâce ! » Et les blessés qui se relèvent sont massacrés. Mais Bonaparte n'est pas responsable de cruautés qu'il réprouve. Toutefois, il ne se brouille point avec les conventionnels qu'il a connus devant Toulon, et dont plusieurs seront très utiles à sa carrière. L'armement des côtes l'occupe surtout pendant les deux premiers mois de 1794. Son coup d'œil embrasse tout le golfe de Gênes, et il rêve déjà la conquête de l'Italie. Un instant, il court un grand danger. Comme il vient de faire réparer les forts démantelés de Marseille, il est traité par un conventionnel « d'ennemi du peuple, de conspirateur qui veut relever les odieuses bastilles de Louis XVI. » Il est menacé d'être mandé à la barre de la Convention, ce qui, presque toujours, équivaut à la mort. Mais, à l'armée de Nice, il trouve un protecteur, Robespierre le jeune, et il est sauvé. Qui sait ? sans ce frère du plus farouche de tous les républicains, il n'y aurait peut-être pas eu d'empereur Napoléon !

Robespierre le jeune, avant de retourner à Paris, veut alors emmener Bonaparte avec lui pour en faire l'auxiliaire de son frère. Bonaparte, à qui cette proposition vient d'être faite, se rend au château de Sallé, près d'Antibes, où sa famille réside. Se promenant entre Joseph et Lucien, il leur dit : « Mes frères, il ne dépend que de moi de partir pour Paris, dès demain, et je serai en position de vous y établir tous avantageusement. On m'offre la place de Henriot. Je dois donner ma réponse ce soir. Eh bien ! qu'en dites-vous ? » Joseph et Lucien hésitèrent un moment. Mais Napoléon croit voir sur le visage de Lucien un sentiment de joie. — « Eh ! eh ! reprend-il, cela vaut bien la peine d'y penser ; il ne s'agirait pas de faire l'enthousiaste. Il n'est pas si facile de sauver sa tête à Paris qu'à Saint-Maximin (Saint-Maximin est un petit endroit où Lucien occupe je ne sais quel emploi obscur). Robespierre le jeune est honnête, mais son frère ne badine pas ; il faudrait le servir. » Puis, changeant de ton, et faisant voir que sa résolution est prise, Napoléon s'écrie : « Moi, soutenir cet homme ! non, jamais ! Je sais combien je lui serais utile, en remplaçant son imbécile Henriot, mais c'est ce que je ne veux pas faire. Aujourd'hui il n'y a de place honorable pour moi qu'à l'armée; prenez patience, je commanderai Paris plus tard. » Le soir, il retourne à Nice, et, pour expliquer son refus, sans se compromettre, il fait réclamer sa présence à l'armée comme indispensable, par le général Dumerbion. Robespierre part donc seul pour Paris, où le supplice l'attend.

Cependant, après le 9 thermidor, Bonaparte va être accusé d'avoir été, le croirait-on ? un partisan de la Terreur. Les représentants Albitte, Laporte et Salicetti veulent à tout prix le trouver coupable. On lui reproche d'avoir été remplir une mission à Gênes, et d'y avoir tramé une conspiration, de concert avec Robespierre et avec l'étranger. Dans les temps de suspicion générale, une accusation, si invraisemblable, si absurde qu'elle soit, a toujours chance d'être crue. Les trois représentants rendent contre Bonaparte un arrêté ainsi conçu : « Au nom du peuple français, Liberté, Egalité. Les représentants du peuple près l'armée des Alpes et d'Italie, considérant que le général Bonaparte, commandant en chef l'artillerie de l'armée d'Italie, a totalement perdu leur confiance par la conduite la plus suspecte et surtout par le voyage qu'il a dernièrement fait à Gênes, arrètent ce qui suit : Le général de brigade Bonaparte, commandant en chef l'artillerie de l'armée d'Italie, est provisoirement suspendu de ses fonctions. Il sera, par les soins et sous la responsabilité du général en chef de ladite armée, mis en état d'arrestation et traduit au Comité de salut public à Paris, sous bonne et sûre escorte. Les scellés seront apposés sur tous ses papiers et effets, dont il sera fait inventaire par des commissaires qui seront nommés par les représentants du peuple Salicetti et Albitte, et tous ceux desdits papiers qui seront trouvés suspects seront envoyés au Comité de salut public. Fait à Barcelonnette, le 19 thermidor an II de la République française une et indivisible et démocratique (6 août 1794). » La protestation de Bonaparte est éloquente. On y reconnaît déjà son style, si laconique, si vigoureux. « Vous m'avez, dit-il, suspendu de mes fonctions, arrêté et déclaré suspect. Me voilà flétri sans avoir été jugé, ou bien jugé, sans avoir été entendu..... Depuis l'origine de la Révolution, n'ai-je pas toujours été attaché à ses principes ? Ne m'a-t-on pas toujours vu dans la lutte, soit contre les ennemis internes, soit comme militaire, contre les étrangers ? J'ai sacrifié le séjour de mon département, j'ai abandonné mes biens, j'ai tout perdu pour la République. Depuis, j'ai servi sous Foulon avec quelque distinction, et j'ai mérité à l'armée d'Italie la part de lauriers qu'elle a acquise à la prise de Saorgio, d'Oneille et de Tanaro. » Bonaparte prend à partie les deux représentants auxquels il adresse sa protestation : « Salicetti, dit-il, tu me connais. As-tu rien vu, dans ma conduite de cinq ans, qui soit suspect à la Révolution ? Albitte, tu ne me connais point. L'on n'a pu te prouver aucun fait; tu ne m'as pas entendu ; tu sais cependant avec quelle adresse quelquefois la calomnie siffle. Dois-je être confondu avec les ennemis de la patrie, et des patriotes doivent-ils inconsidérément perdre un général qui n'a point été inutile à la République ? Des représentants doivent-ils mettre le gouvernement dans la nécessité d'être injuste et impolitique ? Entendez-moi, détruisez

10.

l'oppression qui m'environne, et restituez-moi l'estime des patriotes. Une heure après, si les méchants veulent ma vie, je l'estime si peu, je l'ai si souvent méprisée, que je la leur abandonne! Oui, la seule idée qu'elle peut être encore utile à la patrie me fait en soutenir le fardeau avec courage. »

L'arrestation de Bonaparte dure quinze jours, et, au bout de ce temps, il est réintégré dans son emploi, mais seulement à titre provisoire. Il n'est pas au bout de ses épreuves. Après avoir connu la malveillance des représentants en mission, il va se trouver aux prises avec celle des bureaux de la guerre. C'est le moment où, à Paris, l'on procède à la révision des grades. On trouve que l'avancement de Bonaparte a été trop rapide ; et qu'un général de vingt-cinq ans est trop jeune. Bonaparte se décide à se rendre à Paris, pour y défendre son grade. Il part, accompagné de son frère Louis et de Junot, et, après s'être arrêté quelques jours en route chez le père de Marmont, à Châtillon-sur-Seine, où il apprend l'insurrection du 1er prairial, il arrive, le 25 mai 1795, à Paris.

IV

BONAPARTE A PARIS EN 1795.

L'homme qui, dans quelques années, fera faire
antichambre aux rois, va paraître en solliciteur
devant d'obscurs conventionnels. Le vainqueur
qui habitera les Tuileries, Schœnbrunn, le Kremlin, occupera successivement à Paris, en 1795,
trois logements bien modestes, rue du Mail, rue
de la Michodière, rue des Fossés-Montmartre, à
l'hôtel de la Liberté. Le grand empereur triom-
phant n'est encore que le petit officier corse,
chétif et malingre, pauvre et triste. Le dispensa-
teur des trésors du monde manque de pain. Le
potentat qui endossera le costume du sacre, n'a
que des habits râpés. Ce qu'on appellera plus
tard la majesté n'est encore que de la bizarrerie.
La foule passe à côté de son futur souverain, sans
se douter qu'il sera son maître. Ce n'est pas le
César majestueux, à l'air imposant, olympien.
Son visage, qui, plus tard, s'arrondira, s'éclair-
cira, s'embellira, est osseux, jaunâtre, maladif
même ; ses traits, qui prendront de la rondeur,

sont anguleux, pointus ; ses mains qui deviendront si belles, sont maigres, longues et noires ; ses cheveux, mal peignés, mal poudrés, lui donnent un aspect désagréable. Est-ce bien là cette figure qui, sous le diadème en lauriers d'or du couronnement sera magnifique ? Dans cet homme extraordinaire, surprenant, il doit se produire, même au physique, une prodigieuse métamorphose. Écoutez la duchesse d'Abrantès, dont les *Mémoires* contiennent tant de curieux détails sur l'époque. « Lorsque, je me représente, dit-elle, Napoléon entrant, en 1795, dans la cour de l'hôtel de la Tranquillité, rue des Filles-Saint-Thomas, la traversant d'un pas assez gauche et incertain, ayant un mauvais chapeau rond enfoncé sur ses yeux, et laissant échapper ses deux *oreilles de chien* (longs cheveux tombant de chaque côté du visage), ses deux oreilles de chien, mal poudrées et tombant sur le collet de cette redingote gris de fer, devenue depuis bannière glorieuse, tout autant pour le moins que le panache blanc de Henri IV ; sans gants, parce que, disait-il, c'était une dépense inutile ; portant des bottes mal faites, mal cirées, et puis tout cet ensemble maladif résultant de sa maigreur, de son teint jaune ; enfin, quand j'évoque son souvenir de cette époque, et que je le revois plus tard, je ne puis voir le même homme dans ces deux portraits. »

Un dame, qui connut le futur vainqueur d'Aus-

terlitz, dans cette année 1795 où il était si pauvre
qu'il dut vendre sa montre et ses ouvrages de
stratégie, en traça la description suivante à Stendhal : « C'était bien l'être le plus maigre et le
plus singulier que de ma vie j'eusse rencontré....
La redingote qu'il portait était tellement râpée,
il avait l'air si misérable que j'eus peine d'abord
à croire que cet homme fût général. On le disait
très pauvre et très fier comme un Écossais... Il
refusait d'aller être général dans la Vendée, et de
quitter l'artillerie. « C'est mon arme, » répétait-
il souvent, ce qui nous faisait beaucoup rire. Nous
ne comprenions pas, nous autres jeunes filles,
comment l'artillerie, des canons, pouvaient servir
d'épée à quelqu'un. Il n'avait nullement l'air militaire, sabreur, bravache, grossier. Il me semble
aujourd'hui qu'on lisait dans les contours de sa
bouche si fine, si délicate, si bien arrêtée qu'il
méprisait le danger.... Il parlait beaucoup, et
s'animait en parlant; mais il y avait des jours
aussi où il ne sortait pas d'un morne silence. »

C'était alors un simple capitaine d'artillerie,
Aubry, représentant et président du comité militaire à la Convention, qui entravait la carrière du
futur vainqueur de tant de batailles, Aubry ne
consentait à le maintenir dans son grade de général qu'à la condition de le faire passer dans
l'infanterie, et de l'envoyer en Vendée. Bonaparte, qui ne voulait pas changer d'arme, et à
qui la guerre de Vendée ne plaisait pas, eut avec

Aubry un colloque plus que vif. « Vous êtes trop jeune, disait Aubry, vous devez laisser passer les anciens.—On vieillit vite sur le champ de bataille, reprit Napoléon, et j'en arrive. » En vain Volney, Fréron, Barras intercédaient en faveur du jeune général. Aubry se contentait de leur répondre : « Avancement prématuré, ambition sans frein. »

Mécontent de son sort, Bonaparte doutait presque de lui-même. « Plus l'heure marquée par le sort approchait, a dit le général de Ségur, puis il se fatiguait d'élans divers et inutiles, rongeant son frein, s'agitant, s'indignant, comme ce géant du roman anglais, retenu couché dans la poussière par des milliers de liens méprisables, dont une foule de petits êtres odieux ou obscurs l'avaient enchaîné. »

Quand le jeune général va aux bureaux de la guerre solliciter sa réintégration dans les cadres de l'artillerie; quand il se promène morose, désœuvré, avec Junot ou avec Bourrienne, quand il prend aux Frères Provençaux son modeste dîner, qui ne coûte jamais plus de trois francs; quand il se fait donner par Talma, ce tragédien qui jouera devant un parterre de rois, des billets de faveur pour pouvoir assister aux représentations du Théâtre-Français, nul ne présage ses destinées, et lui-même, si ardente que soit son imagination, si travaillé qu'il soit par les incantations de sa gloire future, il serait sans doute bien étonné, bien incrédule, si on venait lui prédire ce qu'il sera. Les romanciers cherchent en vain dans leurs fictions des choses surprenantes. Leurs conceptions imaginaires n'atteignent pas l'imprévu de la réalité. Le roman est primé par l'histoire.

Que deviendra Bonaparte ? Qui le sait ? Tantôt il n'aspire qu'à une honnête médiocrité, au repos, à une modeste aisance. « Un cabriolet, dit-il, avec un logement à portée de mes amis, et je me croirais le plus heureux des hommes. » Et, de fait, pour son véritable bonheur, un cabriolet serait peut-être préférable aux carrosses de gala à huit chevaux. Tantôt il se surprend à faire des rêves immenses. Le terrible lutteur regarde silencieusement l'arène où il va s'élancer, et prend, pour ainsi dire, la mesure de la capitale où doit s'exercer sa domination. Souvent, au milieu de ce bruyant Paris, il se fait un lieu de retraite, une solitude, et, n'écoutant plus rien que la voix secrète de son génie, de son démon familier, comme aurait dit Socrate, il se livre à ces méditations profondes qui sont, chez les grands hommes, le prélude de l'action.

On retrouve les diverses phases que son esprit traverse alors dans les lettres qu'il écrit à son frère Joseph. Joseph, qui venait d'épouser la fille d'un riche négociant de Marseille, Mlle Julie Clary, s'était rendu à Gênes, où il combinait avec d'autres Corses les moyens de reprendre aux Anglais son île natale. Il avait avec lui sa femme et sa belle-sœur, Mlle Désirée Clary, la future femme de Bernadotte, la future reine de Suède. Napoléon avait conçu l'espoir d'épouser cette jeune fille ; mais sa demande ne fut pas agréée. De là une cause de tristesse ajoutée à d'autres chagrins. A ce moment de sa vie, Bonaparte, rêveur, a des accents de mélancolie, d'attendrissement, bien rares dans sa carrière si agitée. Il est profondément ému : il est doux et tendre comme une femme quand il écrit à Joseph, le 24 juin 1795 : « Dans quelques événements que la fortune te place, tu sais bien, mon ami, que tu ne peux pas avoir de meilleur ami à qui tu sois plus cher et qui désire plus sincèrement ton bonheur. Si tu pars, et que tu penses que ce puisse être pour quelque temps, envoie-moi ton portrait. Nous avons vécu tant d'années ensemble, si étroitement unis, que nos cœurs se sont confondus, et tu sais mieux que personne combien le mien est entièrement à toi. Je sens, en traçant ces lignes, une émotion dont j'ai peu d'exemples dans ma vie. Je sens bien que nous tarderons à nous voir, et je ne puis continuer ma lettre. Adieu, mon ami. »

Ce ton de découragement ne dure pas. L'inquiète activité de Bonaparte trouvera bientôt un aliment. Le conventionnel Doulcet de Pontécoulant vient de passer au comité de la guerre. Il n'est pas au courant des détails qui concernent l'armée d'Italie ; très grande est sa perplexité, lorsque Boissy-d'Anglas essaie de le tirer d'embarras. « Hier, dit ce dernier, j'ai rencontré un petit Italien pâle, frêle, maladif, mais singulier par la hardiesse de ses vues et l'énergique fermeté de son langage. C'est un général en réforme; il revient de l'armée, et il en parle en connaisseur. — Envoyez-le moi vite, » reprend Pontécoulant. Dès le lendemain, Bonaparte se rend aux Tuileries, et monte jusqu'au sixième étage du pavillon de Flore, où Pontécoulant a son cabinet. Cette visite porte bonheur à Bonaparte; on l'attache, avec son grade de général, au comité de la guerre, et on lui rend sa solde et ses rations, que sa persistance à refuser un commandement dans l'infanterie et en Vendée lui avait fait perdre.

Dès lors, il se rassure. Sa correspondance avec son frère Joseph n'est plus triste; elle est presque enjouée. « Le luxe, le plaisir et les arts, écrit-il le 18 juillet, reprennent ici d'une manière étonnante; hier on a donné *Phèdre* à l'Opéra, au profit d'une ancienne actrice; la foule était immense depuis deux heures après-midi, quoique les prix fussent triplés. Les voitures, les élégants reparaissent, ou plutôt ils ne se souviennent plus que comme d'un long songe qu'ils aient jamais cessé de briller. Les bibliothèques, les cours d'histoire, de botanique, d'astronomie, se succèdent. Tout est entassé dans ce pays pour rendre la vie agréable; l'on s'arrache à ses réflexions, et quel moyen de voir en noir dans cette application de l'esprit et ce tourbillon actif? » La vue de cette

ville si vivante, de cette société si animée inté-
resse le jeune rêveur. Il est surtout frappé du
rôle que jouent les femmes. « Les femmes sont
partout, ajoute-t-il; aux spectacles, aux promenades, aux bibliothèques. Dans le cabinet du
savant, vous voyez de très jolies personnes. Ici
seulement de tous les endroits de la terre, elles
méritent de tenir le gouvernail; aussi les hommes
en sont-ils fous, ne pensent-ils qu'à elles, et ne
vivent-ils que pour elles. Une femme a besoin de
six mois de Paris pour connaître ce qui lui
est dû. »

Avant d'être attaché au comité de la guerre,
Bonaparte s'est montré dans le salon à la mode,
chez Mme Tallien. Il s'y est présenté comme un
officier destitué, déguenillé, qui même, disait-il,
n'avait pas de culottes. La loi avait accordé du
drap pour en faire, mais seulement aux officiers
en activité, et non pas aux officiers en réforme.
Le futur César sollicite de l'influente Mme Tallien
la faveur d'être habillé aux frais de la République,
et Mme Tallien, frappée par la beauté du regard
de cet étrange solliciteur, obtient pour lui ce qu'il
demande.

En juillet, le comité de la guerre charge Bonaparte de rédiger un plan de campagne pour
l'armée d'Italie. Il saisit la plume du gouvernement, comme si elle lui était déjà familière, et,
d'un seul jet, il trace un plan complet, qui est
adopté. Se sentant renaître à l'espérance, il voit

les choses en beau. Paris lui plaît de plus en plus. Il écrit à son frère Joseph, le 19 juillet : « C'est ici que l'homme droit et prudent, qui ne se mêle que de ses amis, vit avec toute l'extension et la liberté imaginables, comme il veut, et est absolument libre. » Il lui écrit encore le 30 juillet : « Les moissons sont aussi belles qu'il est possible de se l'imaginer ; tout va bien. Ce grand peuple se donne au plaisir : les danses, les spectacles ; les femmes, qui sont ici les plus belles du monde, deviennent la grande affaire. L'aisance, le luxe, le bon ton, tout a repris ; l'on ne se souvient plus de la Terreur que comme d'un rêve. » Une sorte de détente se produit dans son esprit. Il en arrive, par moments, à une sorte d'insouciance, de quiétude. « Cette ville est toujours la même, écrit-il à Joseph le 12 août, tout pour le plaisir, tout aux femmes, aux spectacles, aux bals, aux promenades, aux ateliers des artistes. Fesch paraît vouloir retourner en Corse à la paix ; il est toujours le même, existant dans l'avenir, m'écrivant six pages sur la pointe d'une aiguille ; le présent n'est plus pour lui que le passé, mais l'avenir est tout. Moi, très peu attaché à la vie, la voyant sans grande sollicitude, me trouvant constamment dans la situation d'âme où l'on est à la veille d'une bataille, convaincu par sentiment que lorsque la mort se trouve au milieu pour tout terminer, s'inquiéter est folie ; tout me fait braver le sort et le destin ; et si cela continue, mon ami, je finirai par ne pas me détourner lorsque passe une voiture. Ma raison en est quelquefois étonnée, mais c'est la pente que le spectacle moral de ce pays et l'habitude des hasards ont produite sur moi. » Cette tranquillité fataliste ne dure pas chez Napoléon plus que la tristesse.

A la fin d'août, il fait un nouveau rêve. Il demande à être envoyé en Turquie, pour y organiser l'artillerie du sultan. Cette idée le passionne et l'exalte. « Quelque chose qui arrive, écrit-il à Joseph le 6 septembre, tu ne dois avoir rien à craindre pour moi ; j'ai pour amis tous les gros, tous les gens de bien, de quelque parti et quels qu'ils soient... Tu le sais, mon ami, je ne vis que par le plaisir que je fais aux miens; si mes espérances sont secondées par ce bonheur qui ne m'abandonne jamais dans mes entreprises, je pourrai vous rendre heureux, et remplir vos désirs. » Le Comité de salut public, qui voit Bonaparte à l'œuvre, au bureau topographique, ne le laisse point partir. « L'avenir est tellement caché aux yeux des faibles mortels, a dit Marmont dans ses *Mémoires*, nos prévisions sont si fréquemment en défaut que souvent la réalisation de nos vœux les plus chers est la cause de notre perte, tandis que les contrariétés apparentes nous amènent plus tard à la plus grande prospérité... Nous avons vu Bonaparte arrêté dans sa carrière, contrarié dans toutes ses combinaisons, et déçu dans ses espérances, mais ces déceptions ne seront qu'un calcul de la Providence le menant par des voies détournées à la grandeur et à la puissance, car c'était l'y faire arriver que de le mettre en présence des occasions favorables.» Bourrienne, son camarade d'enfance qui le regardait « comme un jeune fou que poussaient aux entreprises extravagantes, aux résolutions désespérées, l'irritation de son esprit, les injustices qu'il éprouvait, l'irrésistibble besoin d'agir et, disons-le, le manque d'argent, » Bourrienne va tout à coup le retrouver, domptant la fortune, et parlant en maître. Ainsi que l'a dit Chateaubriand, « il avait eu besoin des hommes, les hommes vont avoir besoin de lui; les événements l'avaient fait, il va faire les événements. Il a maintenant traversé ces malheurs auxquels sont condamnées les natures supérieures, avant d'être reconnues, contraintes de s'humilier sous les médiocrités dont le patronage leur est nécessaire; le germe du plus haut palmier est d'abord abrité par l'Arabe sous un vase d'argile. » Le 13 Vendémiaire approche. Bonaparte va commander Paris.

V

La Convention allait être protégée par l'homme qui devait plus tard faire le dix-huit Brumaire. C'est le futur empereur qui allait sauver la République. Napoléon était encore républicain. Il avait écrit, le 28 juillet, à son frère, en parlant de la défaite des royalistes à Quiberon : « Tout va bien. Cette affaire a un peu chagriné le petit Coblentz de ce pays-ci ; on lui voyait hier l'oreille basse. » Et le 26 septembre : « Il y a dans ce moment quelques bouillonnements et des germes très incendiaires ; cela finira sous peu de jours. Il y a beaucoup de chaleur dans les têtes ; le moment paraît critique, mais le génie de la liberté n'abandonne jamais ses défenseurs. »

A Paris, la réaction devenait de plus en plus accentuée. La populace ne bougeait pas. Elle était matée, depuis Prairial. Les agences royalistes recommençaient leur travail souterrain. La bourgeoisie, qui avait horreur des excès révolutionnaires, dominait. Les crimes de la Terreur lui inspiraient une répulsion profonde ; elle voulait, à tout prix, en prévenir le retour. Toute fière de sa victoire dans les journées de Germinal et de Prairial, elle se disait qu'elle avait sauvé Paris et la France. La Convention lui paraissait une Assemblée usée, impuissante et odieuse, dont il fallait se débarrasser le plus promptement possible. Les suites de l'expédition de Quiberon lui avaient semblé un commencement de revanche, de la part des Terroristes, et les cruelles exécutions auxquelles Tallien venait de présider faisaient retomber sur les Thermidoriens la même réprobation que sur les Montagnards eux-mêmes. Lacretelle a très bien rendu l'impression d'horreur produite par ces fusillades de Quiberon, qui rappelaient les sinistres exploits de Robespierre et de Carrier. « C'était une horrible pensée, a-t-il dit, que celle de huit cents Français fusillés, lorsqu'ils étaient sans armes, par des soldats français ; fusillés, au mépris d'une capitulation verbale, qui leur avait fait poser les armes ; fusillés, lorsque leur chef Sombreuil, digne frère de l'héroïne de la piété filiale, avait cru racheter le sang de tous ses compagnons en venant offrir le sien... Les juges des commissions militaires avaient paru épouvantés du nombre des condamnations, et frappés involontairement des beaux souvenirs qui se rattachaient au nom de plusieurs victimes, ils avaient accordé un sursis pour ceux des captifs qui n'avaient point atteint l'âge de seize ans.

Eh bien ! le Comité de salut public avait refusé de le ratifier. »

Lacretelle et ses amis, les publicistes conservateurs, qui se réunissaient dans un dîner hebdomadaire, s'y excitaient les uns les autres contre la politique du jour. « Aujourd'hui, s'écriaient-ils, sommes-nous avant ou après le 9 Thermidor ? Quoi ! le Comité de salut public refuse un sursis pour la mort de quelques adolescents qui ont suivi leur père ? Est-il un soldat français qui, dans la chaleur du combat, maître de leurs jours, ne leur eût dit : « Va-t'en, mon pauvre enfant ! » Des militaires ont voulu les épargner, et le Comité de salut public les égorge de sang-froid !... Ainsi se trouve renversé le mur que nous avons voulu établir entre la Convention du 9 Thermidor et celle de Robespierre. Cette fiction officieuse va disparaître, l'opinion publique ne l'accepterait plus. La Convention, par un seul acte, vient de faire revivre un passé qui ne trouvera jamais grâce aux yeux de la morale et de l'honneur. » Le vin de Champagne qui, d'ordinaire, suggérait à Lacretelle et à ses convives des idées gaies, ne faisait ce jour-là qu'animer leur colère, de telle sorte qu'ils en arrivaient à dire : « Il faut renverser la Convention » et à répéter en chœur : *Delenda Carthago.*

Les résolutions que la Convention adopta dans les derniers jours de l'an III mirent le comble à l'irritation du parti conservateur. Chose étrange, c'est la province qui restait fidèle aux idées révolutionnaires, et c'est Paris qui était le rendez-vous de toutes les réactions. L'énergie turbulente de la jeunesse dorée, les principes de la bourgeoisie, ennemie des Jacobins, les polémiques de la presse qui, depuis le 9 Thermidor, combattait avec acharnement ce qu'on appelait alors la queue de Robespierre, tout contribuait à faire de Paris le centre d'un mouvement que les royalistes exploitaient. La Convention venait de rédiger une Constitution nouvelle, la Constitution de l'an III. D'après cette nouvelle loi fondamentale, le pouvoir législatif devait être confié à deux conseils : les Cinq-Cents et les Anciens. Le premier de ces deux conseils avait la préparation, le second la sanction des lois. Le pouvoir exécutif était confié à un Directoire de cinq membres élus par les deux Conseils, ayant des ministres responsables et se renouvelant par cinquième tous les ans. La Convention, voulant se protéger elle-même contre les éventualités de l'avenir, décréta que le nouveau Corps législatif aurait nécessairement deux tiers de ses membres élus parmi les Conventionnels, que le choix de ces deux tiers serait remis aux électeurs, ou, si les électeurs refusaient, à la Convention, enfin que ces décrets additionnels seraient soumis, ainsi que la Constitution elle-même, à l'acceptation des assemblées primaires. Ce fut parmi les réactionnaires un véritable *tolle*. La Convention, disaient-ils, voulait, contre toute justice, se perpétuer au pouvoir. Elle parlait avec hypocrisie des droits du peuple, et cependant elle en ajournait indéfiniment l'exercice ; elle lui commandait ses choix, elle ne lui permettait pas de préférer des hommes purs à des hommes chargés de tous les crimes ! Sur les quarante-huit sections qui, à Paris, composaient la garde nationale, et qui avaient chacune un bataillon armé et équipé, quarante-troisse prononcèrent contre la Convention, et constituèrent des assemblées délibérantes qui opposèrent quarante-trois tribunes à la tribune conventionnelle. Un royalisme mystérieux était l'âme de ce mouvement réactionnaire. Journaux, brochures, pamphlets, ne laissaient pas un moment de relâche aux anciens suppôts de la Terreur. Vaublanc, Pastoret, Dupont de Nemours, Delalot, Fiévée, Suard, Lacretelle, Quatremère et de Quincy, étaient les principaux *leaders* des sections. Elles se prononcèrent toutes, à l'exception d'une seule, celle des Quinze-Vingt, contre les décrets additionnels, et quand elles apprirent qu'au contraire les assemblées primaires de province acceptaient à une immense majorité les mêmes décrets, l'insurrection fut décidée.

Dès le 1ᵉʳ vendémiaire an IV (23 septembre 1795) les rixes éclatèrent. Les réactionnaires n'eurent rien de plus pressé que d'appeler à Paris des émigrés, des chouans, de rallier tous les mécontents, et d'entraîner la bourgeoisie par l'épouvantail ordinaire d'un retour prochain de la

Terreur. Les assemblées sectionnaires se déclarèrent permanentes, et arrêtèrent que le corps électoral qui, d'après les décrets de la Convention, ne devait se rassembler que le 17 vendémiaire, se réunirait dès le 11 au Théâtre-Français, salle de l'Odéon. Cette convocation illégale se distinguait par la violence des termes dont se servaient les sectionnaires. « Considérant, disaient-ils, que c'est à l'impéritie et au brigandage des gouvernants actuels que nous avons été redevables de la disette et de tous les maux qui l'ont accompagnée ; considérant qu'il est temps que le peuple lui-même songe à son salut, puisqu'il est trompé, trahi, égorgé par ceux qui sont chargés de ses intérêts, etc. » Ce manifeste portait la date du 10 vendémiaire.

Le lendemain, la Convention se disposait à célébrer une fête funéraire, lorsque Daunou vint l'avertir, au nom des comités, qu'elle préludait peut-être à ses propres funérailles. « Les royalistes, s'écria-t-il, aiguisent leurs poignards. Que les républicains préparent leurs boucliers ! » Le 12, tout se prépara pour une lutte décisive. Déjà la section la plus voisine des Tuileries, la section Lepelletier, était sous les armes. Son quartier général se trouvait à l'ancien couvent des Filles-Saint-Thomas, sur l'emplacement duquel on a ouvert plus tard la place de la Bourse. Cette section, qui avait d'abord été désignée sous le nom de section des Filles-Saint-Thomas, s'était toujours distinguée par ses idées réactionnaires. C'est elle qui avait défendu le trône au 10 août, les Girondins au 31 mai, elle qui avait marché contre Robespierre au 9 thermidor, elle qui avait vaincu le peuple des faubourgs en germinal et en prairial. De son côté, la Convention accepta le concours d'environ quinze cents Jacobins qui s'étaient signalés parmi les révolutionnaires les plus ardents, et qui se donnaient à eux-mêmes le nom de patriotes de 89. C'étaient des sans-culottes, des hommes à pique et à bonnet rouge, d'anciens gendarmes de Fouquier-Tinville. Les uns étaient sortis la veille des prisons, les autres venaient d'êtres exclus des assemblées primaires. Mécontents de la Convention, qui les avait rudement traités, ils demandèrent pourtant des armes pour la défendre. Elle les enrégimenta, dans la matinée du 12, et les fit camper aux Tuileries avec des officiers que le réactionnaire Aubry avait fait rayer des cadres de l'armée. Ce fut, parmi les sections, un déchaînement universel. On cria que la Terreur allait recommencer, que les brigands avaient des armes, que la Convention allait les lancer contre les honnêtes gens, que si l'on ne se défendait pas, l'échafaud allait se dresser de nouveau.

La bourgeoisie seule s'agitait. La populace, découragée depuis prairial, et ne prenant plus parti ni pour la Convention ni pour la réaction, restait indifférente et impassible. On allait et venait dans les rues, comme à l'ordinaire. Les ouvriers se livraient comme d'habitude à leurs travaux. Les théâtres ne faisaient point relâche.

Le soir, Bonaparte est avec un de ses amis au théâtre Feydeau, situé à côté du couvent des Filles-Saint-Thomas, lieu de réunion de la section Lepelletier, dont la Convention a prescrit le désarmement. C'est le général Menou qui est chargé d'exécuter cet ordre. Le général, à la tête de ses troupes, est dans la rue Vivienne ; mais il hésite. L'heure avancée, la foule qui s'agite, la crainte d'un combat de nuit dans un des quartiers les plus riches et les plus populeux de la capitale, l'espoir d'une conciliation qui empêcherait l'effusion du sang, tout contribue à paralyser Menou. D'un mot, il peut ordonner le feu, mais le commandement expire sur ses lèvres. Pendant ce temps, les sectionnaires s'enhardissent. Bonaparte qui apprend ce qui se passe, sort du théâtre Feydeau. Il regarde les troupes de Menou entassées dans la rue Vivienne. « Si les sections me mettaient à leur tête, dit-il, en remarquant cette fausse position, je répondrais bien, moi, de les mettre dans deux heures aux Tuileries, et d'en chasser tous les conventionnels. » Mais les sections n'auront pas de Bonaparte, et Bonaparte va défendre la Convention. Pourtant il ne sait pas encore ce qu'il fera. Comme on lui dit que la Convention est en permanence, il se rend par curiosité aux Tuileries, où elle siège.

Il ne voit que trouble, hésitation. Du sein de la salle s'élève une voix qui dit tout à coup : « Si quelqu'un sait l'adresse du général Bonaparte, on le prie d'aller lui dire qu'il est attendu au comité de l'Assemblée. » Bonaparte — c'est lui-même qui le racontera plus tard à Mme de Rémusat — a toujours aimé à apprécier les hasards qui se mêlent à de certains événements. Celui-là le détermine. Il va au comité. Il y trouve plusieurs députés, tout effarés, entre autres Cambacérès. Menou, au lieu d'agir, vient de battre en retraite, et la force armée de la section Lepelletier, qui avait pourtant promis de se retirer aussi, garde ses positions et se considère, avant le combat, comme victorieuse. Les troupes de Menou se sont repliées sur le Carrousel.

La Convention se croit perdue. Elle désigne un de ses membres, Barras, comme général en chef. Mais, pour résister à toutes les sections, il n'aura demain que six mille hommes. Comment faire ? Il n'est pas tacticien. Un bon second lui serait indispensable. Qui choisir : « Brune, Verdière ou Bonaparte ? dit Carnot. — Bonaparte, répond Barras, je le connais. C'est lui qui a pris Toulon. — Eh bien ! reprend Carnot, il pourra peut-être bien aussi prendre le couvent des Filles-Saint-Thomas. » Bonaparte va-t-il accepter cette mission ? Va-t-il se déclarer pour la Convention contre la bourgeoisie parisienne ? Le *Mémorial de Sainte-Hélène* nous expliquera plus tard sa perplexité : « Napoléon délibérera plus d'une demi-heure avec lui-même sur ce qu'il avait à faire. Une guerre à mort éclatait entre la Convention et Paris. Etait-il sage de se déclarer, de parler au nom de toute la France ? Qui oserait descendre seul dans l'arène pour se faire le champion de la Convention ? La victoire même aurait quelque chose d'odieux, tandis que la défaite le vouerait pour jamais à l'exécration des races futures... Mais, d'un autre côté, si la Convention succombe, que deviennent les grandes vérités de notre Révolution ? Nos nombreuses victoires, notre sang si souvent versé ne sont plus que des actions honteuses. L'étranger, que nous avons tant vaincu, triomphe, et nous accable de son mépris. Ainsi la défaite de la Convention ceindrait le front de l'étranger, et scellerait la honte et l'esclavage de la patrie. » Bonaparte n'a plus hésité.

« — Soit, dit-il à Barras, j'accepte ; mais je vous préviens que, l'épée hors du fourreau, je ne la remettrai qu'après avoir rétabli l'ordre. — Je l'entends bien ainsi moi-même, reprend Barras. — Eh bien! ne perdons pas de temps, les minutes ici sont des heures. L'activité seule peut rendre l'influence morale qu'un premier échec a fait perdre. » Napoléon le dira plus tard : « — On me demandait conseil ; je répondis, moi, en demandant des canons. »

LE 13 VENDÉMIAIRE.

La lutte va se préparer. Il est minuit. Bonaparte se met à l'œuvre. Tout est à faire. Le génie organisateur se révèle. Force de conception, coup d'œil d'ensemble, art de mettre à profit toutes les ressources, prévoyance, rapidité d'exécution, science du détail, le second de Barras va déployer tous les talents du tacticien. Pas une seule minute de la nuit n'est perdue. Il commence par demander les renseignements dont il a besoin au général Menou, qui vient d'être destitué et arrêté. Puis, après avoir choisi les Tuileries pour quartier général, il fait son plan de bataille. Les rues, les ponts, les quais de Paris sont pour lui comme un échiquier, où, sans la moindre hésitation, il avancera ses pièces. Rien de cette incertitude qui, presque toujours, paralyse les généraux dans les guerres des rues. Bonaparte va combattre des Français absolument comme il combattrait des étrangers, avec la même décision, la même vigueur. Les membres du gouvernement délibéraient encore pour savoir si l'on avait le droit de repousser la force par la force. « Attendez-vous, s'écriera-t-il ironiquement, que le peuple vous donne la permission de tirer sur lui ? Me voici compromis, puisque vous m'avez nommé ; il est bien juste que vous me laissiez faire [1]. » Là-dessus, il quittera, comme il le dit, « ces avocats qui se noyaient dans leurs paroles, » pour faire marcher ses troupes et pointer ses canons.

Les sections n'ont point d'artillerie. Depuis le désarmement, qui a eu lieu en prairial, leurs canons sont restés au parc des Sablons. Elles veulent les reprendre ; mais Bonaparte ordonne à un chef d'escadron de chasseurs, Murat, de partir avec trois cents cavaliers pour chercher les pièces. C'est pour la première fois que Murat reçoit les ordres de Bonaparte, et la rapidité avec laquelle il les exécute promet que ce ne seront pas les derniers [2]. Le chef d'escadron de chasseurs arrive au parc des Sablons quelques instants avant le bataillon envoyé par la section Lepelletier. Il fait atteler les pièces et les ramène aux Tuileries.

Comme la nuit a été utilement employée ! Concentration des approvisionnements, organisation du service d'ambulances, établissement de deux lignes de défense, l'une, du côté de la rue

1. *Mémoires de Mme de Rémusat.*
2. *Manuscrit de l'an III,* par le baron Fain.

Saint-Honoré, l'autre, du côté de la Seine ; formation d'une réserve stationnant sur la place Louis XV, pour couvrir le pont-tournant et le pont Louis XVI, observer les avenues de la place, du côté des Champs-Élysées, de la rue Royale, de la rue Saint-Florentin, et assurer au besoin la retraite sur Saint-Cloud ; rien n'a été négligé, tout a été prévu. Le travail de l'état-major a duré toute la nuit. Au point du jour, on est à cheval !

Paris, en se réveillant, voit les deux armées en présence. Les troupes de la Convention ne sont pas nombreuses : cinq à six mille hommes de l'armée régulière ; environ quinze cents volontaires, désignés sous le nom de patriotes de 1789, la légion de police, quelques gendarmes, quelques invalides. Les sectionnaires, qui pourraient disposer de quarante mille hommes, si toute la garde nationale se levait, auront environ vingt-cinq mille hommes sur pied. A eux l'avantage du nombre, mais aux troupes de la Convention celui de la discipline.

Bonaparte vient d'achever ses préparatifs. Dès le matin, il visite les postes avec Barras. Les débouchés du Carrousel par la rue Saint-Nicaise et la rue de Rohan sont confiés au général Brune. Les généraux Dupont-Chaumont et Loison sont dans la rue de l'Echelle. Les portes de la cour du Manège, qui donnent sur le cul-de-sac Dauphin, en face de Saint-Roch, sont gardées par le général Berruyer et par les patriotes de 1789. Sur les quais, le général Carteaux commande un détachement qui a son avant-garde au Pont-Neuf, et qui stationne à la hauteur du Louvre. Les généraux Verdière et Lestranges ferment le pont Royal, et veillent sur les débouchés de la rue du Bac et le quai Voltaire. Les généraux Monchoisy et Duvigneau commandent la réserve sur la place Louis XV. Voici maintenant les positions de l'artillerie : à la tête du pont Royal, une batterie qui enfile la rue du Bac et bat le quai Voltaire et le quai d'Orsay ; sur le quai du Louvre une autre batterie qui, d'un côté, prend en écharpe le quai Voltaire, et, de l'autre, balaie le quai de l'Ecole jusqu'au Pont-Neuf ; du côté de la rue Saint-Honoré, des pièces dont la ligne de tir se prolonge jusqu'au bout des rues de Richelieu, de la Butte-des-Moulins et de Saint-Roch. La réserve du parc est rangée au pont tournant, devant le jardin des Tuileries. Auprès de chaque pièce, la mèche est allumée, tout est prêt. Huit cents gibernes et huit cents fusils ont été apportés dans une des salles de la Convention, afin d'être distribués aux représentants qui, au besoin, serviraient comme corps de réserve.

Jetons maintenant un coup d'œil sur l'armée des sections. Leur quartier général est à côté de la rue Vivienne, au couvent des Filles-Saint-Thomas. A leur tête est un royaliste, le général Danican, qui, destitué par la Convention, est devenu son ennemi mortel. Les deux autres principaux chefs sont le comte de Maulevrier et le colonel Lafond de Soubé, ancien officier de la garde de Louis XVI. L'armée sectionnaire se divise en deux corps : celui de la rive droite, sous les ordres du général Danican ; celui de la rive gauche, sous les ordres du comte de Maulevrier. Un détachement, commandé par Lafond de Soubé, est chargé de s'emparer du Pont-Neuf, afin de mettre en communication les deux corps. En tête des colonnes sont placés les hommes qui ont déjà fait la guerre, et qui, comme tels, sont les plus capables de braver le feu. Les sectionnaires n'ont pas d'artillerie ; mais ils s'imaginent n'en avoir pas besoin ; ils ont la tête tournée par les exploits des paysans vendéens, qui, maintes fois, se sont emparés des canons de l'ennemi, sans autres armes que des bâtons. Pleins d'une téméraire assurance, ils se croient sûrs de la victoire. Comme l'armée conventionnelle a reçu l'ordre de ne pas ouvrir le feu, de rester sur la défensive, et d'attendre, ils s'enhardissent au point de faire battre le rappel par leurs tambours jusque sur le Carroussel et la place Louis XV. Ils mettent les comités du gouvernement hors la loi, et déclarent qu'ils n'excepteront que cent conventionnels de la proscription dont l'Assemblée est menacée. Ils retiennent comme otages quelques représentants arrêtés dans la ville. Le trésor public tombe en leur pouvoir. Ils avancent, et l'armée conventionnelle recule, resserrant sa ligne de défense, abandonnant les ponts et la plupart des avenues des Tuileries. Encouragés par ce mouvement rétrograde de leurs adversaires, ils occupent le jardin de l'Infante, sur le quai du Louvre, ils se placent sur les marches de l'église Saint-Roch, ils stationnent sous les galeries du théâtre de la République, prêts à s'élancer de la rue de Richelieu sur le Carrousel. Une foule de curieux, de femmes, d'enfants sont avec eux, et veulent engager la conversation avec les avant-postes des conventionnels, pour les faire se prononcer en faveur des sections.

Cependant, la Convention continue à temporiser. Après s'être séparée à cinq heures du matin, elle est rentrée en séance à midi. Les troupes, commandées par Barras et par Bonaparte, ont ordre d'attendre l'agression, et de ne pas la provoquer. Barras se porte encore une fois aux avant-postes et fait sommer les sectionnaires de se retirer. Ils répondent par des huées à cette sommation. Plusieurs d'entre eux sortent des rangs et, jetant leurs chapeaux en l'air, demandent à fraterniser. Les troupes conventionnelles ne se laisseront-elles pas séduire ? Un mouvement de plus, elles seraient abordées, confondues, perdues dans la foule, désarmées. On n'est plus qu'à quinze pas les uns des autres. Au poste de la rue de l'Echelle, un parlementaire se présente, avec toutes les formalités d'usage, au nom du général en chef des sectionnaires. On le conduit, les yeux bandés, devant les comités de la Convention, auxquels il offre la paix, à deux conditions : le retrait des décrets additionnels et le désarmement des patriotes de 1789. Ces conditions sont repoussées.

Il est quatre heures et demie du soir. L'armée conventionnelle ne sera-t-elle pas énervée par une si longue attente ? Tout à coup une détonation se fait entendre du côté de l'église Saint-Roch. Qui a donné le signal ? Au dire des uns, c'est le général Danican ; au dire des autres, c'est Bonaparte ; suivant Lacretelle, c'est le général Dubois-Crancé, qui, du haut de la maison d'un restaurateur de la rue Saint-Honoré, a tiré le premier coup de fusil contre les sectionnaires postés sur les marches de l'église. Bonaparte, qui a placé de l'artillerie à l'entrée du cul-de-sac Dauphin, ordonne une décharge, à laquelle les sectionnaires répondent par un feu de mousqueterie. Le bruit du feu gagne du côté de la rue de l'Echelle. Le combat est engagé dans toutes les directions : le canon tonne à la fois sur la rue Saint-Honoré, sur le quai du Louvre, sur le pont Royal.

Ainsi que l'a dit Edgar Quinet, « la stratégie qui doit être employée plus tard contre les Autrichiens, les Russes, éclate sur ce premier échiquier, comme dans les plaines de Marengo et d'Austerlitz. Ni hésitation, ni colère, ni pitié, mais le seul élan de l'esprit militaire. Les combats de rues sont régis avec la sûreté de plan qui préside à une bataille en rase campagne. A ces premiers coups foudroyants, connaissez Bonaparte ! » S'il a laissé, depuis le matin, s'avancer ses adversaires, c'est afin de les mieux mitrailler.

Au cul-de-sac Dauphin, la lutte est très vive. Une pièce de huit est prise et reprise. Les patriotes de 1789 se lancent sur les marches du perron de Saint-Roch, et en délogent les sectionnaires. Bonaparte et le général Berruyer ont leurs chevaux tués sous eux. Le canon balaie toute la longueur de la rue Saint-Honoré. Alors les sectionnaires battent en retraite, et reconnaissent trop tard la faute qu'ils ont commise en marchant contre l'artillerie conventionnelle, au lieu de se barricader dans les maisons voisines des Tuileries. Après avoir fui vers le quartier général des Filles-Saint-Thomas, ils se décident à un nouvel effort, et vont rejoindre les colonnes qui arrivent du faubourg Saint-Germain. Ils trouvent au Pont Neuf le détachement de Lafond de Soubé, et se réunissent aux bataillons qui débouchent de la rue Dauphine, sous le commandement du comte de Maulevrier. Tous ensemble marchent, en colonne serrée, du Pont-Neuf sur le pont Royal, en suivant le quai Voltaire. Mais Bonaparte est en face d'eux. Il vient de faire placer plusieurs batteries sur le quai des Tuileries et de faire pointer les canons qui sont en tête du pont

Royal, de manière à enfiler le quai par lequel arrivent les sectionnaires. Il les laisse patiemment approcher, et, quand ils sont tout près de ses canons, il fait tirer. Ecoutons le récit d'un d'entre eux, Lacretelle. « Nous ne vîmes pas avec plaisir, dit-il, Danican et son état-major se jeter dans la rue de Beaune; c'était mal imiter les La Rochejaquelein, les Bonchamp, les Lescure, qui, dans de telles attaques, ne se laissaient précéder par personne. Le canon tonne quand nous ne sommes plus qu'à cinquante ou soixante pas de nos adversaires; ce serait le moment de nous élancer; mais notre général n'est pas là pour nous donner l'ordre et l'exemple. Nous tenons ferme cependant, et nous répondons par deux décharges dirigées sur le pont Royal. Nous avions même gagné un peu de terrain, lorsqu'en nous retournant, nous voyons l'immense quai dégarni de gardes nationaux, à l'exception de trois ou quatre mille qui avaient ouvert la marche. Nous sommes forcés de nous retirer par la rue de Beaune, où le canon ne nous poursuit pas; mais la victoire de la Convention est décidée. » Il est six heures du soir; le combat est terminé. Il a duré une heure et demie, et a coûté la vie à environ quatre cents hommes.

Pendant toute la durée de la lutte, le bruit de la fusillade et du canon n'a cessé de retentir aux Tuileries, où la Convention siège. On crie d'une extrémité de la salle : « Les représentants qui sont officiers de santé sont invités à sortir pour panser les blessés. » Aussitôt les conventionnels médecins sortent, et, suivis par les femmes de députés qui étaient venues chercher un refuge sur les banquettes de l'Assemblée, ils soignent les blessés dans le salon de la Liberté, qui est transformé en ambulance. Barras descend de cheval, et, se présentant devant la Convention, lui annonce que tout est fini, qu'on ne tire plus qu'à poudre. Quelques sectionnaires obstinés essaient en vain de faire des barricades. La multitude, qui prend parti pour les vainqueurs, les en empêche. Les troupes conventionnelles bivouaquent sous les galeries du Palais-Royal et du théâtre de la République. On lit aux flambeaux des proclamations de clémence. La commotion de la journée achève de s'amortir dans le silence de la nuit, et, le lendemain matin, quand on se réveille, on s'aperçoit que tout rentre dans l'ordre accoutumé.

VII

BONAPARTE AU LENDEMAIN DU 13 VENDÉMIAIRE

Le 13 Vendémiaire est le modèle de la guerre
des rues. Plus encore que sur le champ de bataille,
le général en chef y doit être plein de résolution.
S'il hésite, s'il recule, il est perdu. Le combat du
13 Vendémiaire fut livré sur l'emplacement même
où la révolution de Juillet devait s'accomplir
trente-cinq années plus tard. Bonaparte ne com-
mit aucune des fautes qui furent si fatales à
Marmont. Marmont parlementa. Bonaparte ne fit
parler d'autre voix que celle du canon. Marmont
s'imagina, comme Menou, qu'il aurait raison des
insurgés par la douceur. Bonaparte ne crut qu'à
la force. A la place de Marmont, Bonaparte aurait
fait arrêter sans scrupules Laffitte et les autres
députés qui étaient venus négocier aux Tuileries.
Tout général qui, dans les diverses journées révolutionnaires, aurait agi comme le fit Bonaparte le
13 Vendémiaire an IV, aurait eu le même succès
que lui. « Si Bonaparte, a dit le comte de Vaublanc dans ses *Mémoires*, avait commandé les

défenseurs du trône le 10 août 1792, il aurait triomphé encore plus facilement que le 13 Vendémiaire. »

Bourrienne prétend que le vainqueur rougissait presque de sa victoire. « On aura remarqué, dit-il, le soin avec lequel, dans le bulletin, Bonaparte rejette sur ceux qu'il appelle rebelles la première effusion du sang. Il tient beaucoup à représenter ses adversaires comme agresseurs. Il est constant qu'il a toujours gémi de cette journée. Il m'a souvent dit qu'il donnerait des années de sa vie pour arracher cette page de son histoire. Il ne doutait pas que les Parisiens ne fussent très irrités contre lui. Il aurait bien désiré que Barras n'eût pas dit à la Convention ces paroles qui, dans le temps, lui firent tant de plaisir : « C'est à ses dispositions savantes et promptes qu'on doit la défense de cette enceinte, autour de laquelle il avait distribué les postes avec beaucoup d'habileté. » Peut-être, en effet, les calculs d'une ambitieuse et prudente politique décidèrent-ils Napoléon à mettre plus tard dans l'ombre le souvenir des services qu'il rendit aux conventionnels. Il n'en savait pas moins que cette journée de Vendémiaire était le véritable point de départ de son incomparable fortune. Au commencement de l'an IV, la République et Bonaparte se devaient réciproquement beaucoup.

Chose bien digne de remarque, les Français ont pour l'énergie une telle admiration instinctive que beaucoup de royalistes se prirent de passion pour le général qui les avait si rudement combattus. Ils comprirent qu'il y avait là un homme, et ils s'inclinèrent devant lui. En France, tout gouvernement qui faiblit se couvre de ridicule; du moment où on cesse de le craindre, on cesse de l'estimer. Le peuple français n'a jamais su gré à ses chefs des concessions qu'ils lui ont faites. Il adore la force comme une divinité. Ce qui fait que la gloire de Napoléon a survécu à ses malheurs, c'est qu'il apparaît dans l'histoire comme l'exécuteur implacable des arrêts du Destin. Le souverain sacré par un pape a été le général de la Convention; il a sauvé les anciens Terroristes contre la réaction conservatrice, et personne ne le lui a reproché. Les bourgeois qu'il fit mitrailler sur les marches de l'église Saint-Roch ont trouvé cela tout naturel, et au moment même où tant d'imprécations étaient lancées contre le vaincu de Waterloo, le souvenir du 13 Vendémiaire n'était pas même rappelé par les plus acharnés détracteurs du géant renversé. Ce qui fait que, dans les premiers jours de l'an IV, personne n'objecta plus à Bonaparte sa jeunesse, et ne s'étonna de le voir commander à un âge où les autres commencent à peine à obéir, c'est qu'il avait débuté par un coup de tonnerre, c'est qu'il avait frappé de stupeur par son énergie inflexible des hommes qui, la veille, ne savaient pas même son nom.

Ce personnage exceptionnel ne ressemble à nul autre. Son origine, son nom, sa figure, sa démarche, son langage, tout inspire une sorte de surprise. Il s'endort obscur, il se réveille célèbre. Sa réputation est instantanée. Hier, qui le connaissait à Paris, excepté quelques conventionnels, dont il avait été remarqué à l'armée? Aujourd'hui, son nom est dans toutes les bouches. Le canon de Vendémiaire l'a porté à tous les échos. Son extrême jeunesse, — il n'a que vingt-six ans, — contraste avec la haute position qu'il occupe. Mais sa précoce gravité commande le respect. Il y a déjà en lui je ne sais quoi de fatidique, et les hommes que, dans un bref délai, il va éclipser, et même faire disparaître de la scène politique, sont déjà, presque malgré eux, les auxiliaires de sa fortune. On ne songe à lui reprocher ni son âge, ni son origine italienne, ni son nom qui n'a rien de français. Il y a en lui une puissance occulte, irrésistible, qui renverse les obstacles et brise les jalousies. Il n'a pas besoin d'intriguer, il subjugue. Si, avant le 13 vendémiaire, il parlait déjà, dans une de ses lettres à son frère Joseph, de ce bonheur qui, disait-il, ne l'abandonnait jamais dans ses entreprises, quelle confiance son étoile ne doit-elle pas lui inspirer depuis qu'il commande Paris, suivant la prédiction faite par lui-même un an auparavant?

Marmont, son aide de camp, en a fait la remarque : « Bonaparte arrive presque inopinément à une situation très élevée, et ce résultat vient de toutes les infortunes qui l'ont poursuivi, et dont il a souvent gémi ; car, si une indisposition générale ne lui eût pas fait quitter l'armée d'Italie, il aurait continué à y servir avec considération, mais d'une manière subordonnée, puisqu'il n'était pas dans les usages et dans la nature des choses qu'un simple général d'artillerie fût choisi pour commander une armée; s'il n'eût pas été rayé du tableau d'artillerie par Aubry, il aurait été enfoui dans l'Ouest avec ses talents supérieurs, et jamais il n'aurait pu sortir de la plus profonde obscurité. Enfin, si la mission pour Constantinople, si vivement désirée, lui eût été confiée, il aurait échappé à toutes les combinaisons de la fortune. Une série de circonstances fâcheuses, en apparence, lui ouvre donc, en réalité, la route qu'il va parcourir avec tant d'éclat. »

Le 14 vendémiaire an IV (6 octobre 1795) il est promu au grade de général de division. Le mois suivant (4 brumaire) il est définitivement nommé général en chef de l'armée de l'intérieur. Il s'installe dans un bel hôtel de la rue Neuve-des-Capucines (où plus tard seront placées les archives du Ministère des affaires étrangères). Le temps n'est plus où il n'aspirait qu'à une modeste aisance, *aurea mediocritas*, avec un cabriolet et une petite maison voisine du domicile de ses amis. Il a maintenant une grande existence, des appointements considérables, un hôtel, un bel équipage ;

il donne d'excellents déjeuners, où paraissent, à côté des hommes politiques et de ses compagnons d'armes, les femmes les plus brillantes du temps, entre autres Mme Tallien. Il ne laisse plus ses camarades d'enfance le tutoyer. Obligé, pour garder son rang, de tenir ses anciens égaux à distance, il se préserve avec un soin jaloux de la familiarité, comme nuisant au respect. Marmont a dit dans ses *Mémoires* : Bonaparte, devenu général en chef de l'armée de l'intérieur, se souvint de moi, et me fit nommer son aide de camp. J'arrivai à Paris. Je le trouvai établi au quartier général de l'armée de l'intérieur, rue Neuve-des-Capucines. Il avait déjà un aplomb extraordinaire, un air de grandeur tout nouveau pour moi, et le sentiment de son importance, qui allait toujours croissant. Assurément, il n'était pas destiné par la Providence à obéir, l'homme qui savait si bien commander. »

Le général de Ségur nous le montre à cette époque déployant une activité infatigable, travaillant jour et nuit, surveillant lui-même l'exécution de tous ses ordres, réorganisant la garde nationale de Paris, créant la garde directoriale et celle des deux conseils, parcourant les postes d'où dépendait la tranquillité de la capitale, se plaisant à hasarder au galop les plus dangereux passages, et, par exemple, montant, descendant, de toute la vitesse de son cheval, les escaliers de pierre qui existaient alors sous le grand péristyle et dans le jardin des Tuileries. Le baron Fain nous le représente à la même époque avec sa taille petite et mince, sa figure creuse et pâle, de longs cheveux lui tombant des deux côtés du front, le reste de sa chevelure, sans poudre, se rattachant en queue par derrière. « L'uniforme du général de brigade dont il est encore revêtu, a vu le feu plus d'une fois et se ressent de la fatigue des bivouacs. La broderie du grade s'y trouve représentée dans toute la simplicité militaire par un galon de soie qu'on appelle système. Son extérieur n'aurait rien d'imposant, si ce n'était la fierté de son regard. On se demande d'où il vient, ce qu'il était, par quels services antérieurs, il s'est recommandé. Personne ne peut répondre, excepté son ancien général, Carteaux, et les représentants qui ont été au siège de Toulon ou sur la ligne du Var. » Il prend pour aides-de-camp des hommes tout jeunes, son frère Louis Bonaparte, sous-lieutenant de dragons, Marmont, capitaine d'artillerie ; Junot, le vaillant sergent du siège de Toulon ; Lemarois, qui vient de quitter l'Ecole de Mars. Paris s'étonne de voir sortir des batteries de Vendémiaire un état-major si jeune et si peu révolutionnaire. Bonaparte veut montrer, comme contraste, après l'énergie la douceur. Il honore dans les sectionnaires le courage malheureux, car enfin, comme dit Lacretelle, c'était du courage que de sortir, soit d'un ménage heureux, soit d'un cabinet paisible ou d'un atelier florissant, pour présenter sa

poitrine à tant de bouches à feu habilement dirigées. Les chefs de l'insurrection eux-mêmes sont
à peu près tous acquittés. Le comte de Castellane,
condamné à mort par contumace, se promène
tranquillement en public. Rencontré, une nuit,
par la patrouille, au cri de : « Qui vive ! » il répond : « C'est moi, Castellane, contumax, » et on
le laisse continuer sa route.

Le vainqueur du 13 Vendémiaire a sauvé la
Convention, mais sans en partager les passions
et les idées. Ce qui lui a plu dans cette Assemblée, c'est que, malgré ses fautes et ses crimes,
elle représentait encore l'autorité. C'est le principe
autoritaire, et non le principe parlementaire qu'il
a voulu faire prévaloir. Au reste, il a déjà son
plan : une politique moitié démocratique, moitié
conservatrice, un amalgame entre l'ancien régime
et le nouveau, une fusion, sous un gouvernement
fort et sous une centralisation puissante, des éléments les plus contradictoires et les plus disparates.
Le moment approche où il va épouser la femme
qui lui sera si utile dans l'œuvre de conciliation
dont il désire l'accomplissement. Avant de rappeler les circonstances dans lesquelles cette union
se contracta, jetons un regard sur le Paris de
l'an IV et sur la société si bigarrée dont Bonaparte sera bientôt l'arbitre et l'organisateur.

VIII

LA SOCIÉTÉ DE L'AN IV

Après le 13 Vendémiaire, les vaincus redou-
tèrent, pendant un instant, la résurrection de la
Terreur. Quand ils virent que cette crainte
n'avait rien de fondé, une grande joie se produisit. La Convention termina tranquillement sa
sanglante et orageuse carrière. Elle accorda une
amnistie, donna à la place de la Révolution (place
Louis XV) le nom de la place de la Concorde,
décréta solennellement l'annexion de la Belgique
à la France, et se sépara le 26 octobre 1795, à
deux heures et demie. Le président déclara que
la séance était levée, et ajouta : « Union et amitié
entre tous les Français, c'est le moyen de sauver
la République. »—« Quelle heure est-il ? demanda
un député. — L'heure de la justice ! » répondit
une voix inconnue. Et la terrible Assemblée se
dispersa. Ainsi que l'a dit Edgar Quinet, les
membres en qui elle avait vécu ne savaient plus
qu'en penser, ayant pour elle tout à la fois de
l'admiration, de la colère, de l'amour, de la haine.

Ils la bénissaient ou la maudissaient, suivant que le Protée avait changé de tête.

Le 29 octobre, le conseil des Anciens et le conseil des Cinq-Cents se réunirent, le premier aux Tuileries, dans la salle que la Convention laissait vide; le second dans la salle du Manège. Les cinq directeurs, — Barras, Rewbell, Lareveillère-Lepaux, Letourneur et Carnot, — s'installèrent au palais du Luxembourg. Quand ils arrivèrent, ils n'y trouvèrent pas un seul meuble. Le concierge leur prêta une mauvaise table, une feuille de papier à lettre, une écritoire pour écrire le premier Message, qui annonçait aux deux conseils que le Directoire était constitué. Il n'y avait pas un sou en numéraire à la trésorerie. Les factions politiques étaient bien nombreuses. Mais aucune n'avait assez de force pour pouvoir l'emporter sur les autres. Lisez dans les journaux du temps les noms des différents partis. Il y avait les *clichiens*, ex-conventionnels royalistes, qui voulaient le rétablissement du trône; les *compagnons de Jéhu et du Soleil*, qui, en province, faisaient succéder la Terreur Blanche à la Terreur Rouge; les *vendémiairistes* qui représentaient à Paris les rancunes des sectionnaires vaincus; les *chouans*, qui attaquaient les passants sur les grandes routes de Bretagne et de Vendée; les *babouvistes*, qui soutenaient les doctrines subversives de Babœuf. Ajoutez à tout cela les *accapareurs* ou *affameurs*, qui spéculaient sur la misère publique, et visaient au renchérissement des denrées de première nécessité ; les *alarmistes*, qui répandaient avec une malveillance systématique les mauvaises nouvelles, vraies ou fausses ; les *avilisseurs*, qui affectaient leur mépris pour le gouvernement républicain.

Quelque chose dominait le tumulte des partis. C'était le goût du plaisir. Avant de se séparer, la Convention avait décrété sept fêtes nationales : Ier Vendémiaire, fête de la fondation de la République. — 10 Germinal : fête de la Jeunesse. — 10 Floréal : fête des époux. — 10 Prairial ; fête de l'Agriculture. — 10 Messidor : fête de la Liberté. — 9 et 10 Thermidor : fête des Vieillards. Barras avait, au Luxembourg, un salon officiel, salon brillant et luxueux. Sous le masque de l'ancien montagnard perçait le visage du vicomte, de l'homme d'ancien régime. Les Parisiens, longtemps sevrés de toute jouissance, se précipitaient sur le plaisir, comme une bande affamée sur un repas copieux et succulent. Ainsi que le remarque Arnault, dans les *Souvenirs d'un sexagénaire*, à la terreur à laquelle Paris avait été si longtemps en proie succédait une insouciance presque absolue pour tout, excepté le plaisir. C'était un besoin universel, et ce besoin était insatiable. Tout en jouissant du présent, on anticipait sur l'avenir, et l'on se récupérait du passé. On avait, à la vérité, en fait de distractions, un fort arriéré à recouvrer. « La France, en 1796, a dit Edgar Quinet, rentra dans la légèreté, la frivolité, comme dans sa nature propre. En donnant carrière à toutes ses convoitises privées, il semblait qu'on rentrât en possession de soi-même, et qu'on exerçât la seule liberté que l'on tînt à conserver... Ce que l'on retrouve d'abord, c'est l'esprit ; il fut le point commun où les Français sortis des factions opposées se reconnurent en souriant. »

L'originalité de cette époque, c'est l'extrême variété des éléments dont la société s'y compose. Jamais plus de contradictions, d'inconséquences. Les mêmes personnages ont subi tant de métamorphoses que c'est à peine s'ils peuvent se reconnaître. Que distinguons-nous dans un salon du Directoire ? Des hommes qui, à quelques mois de distance, ont porté le costume des Jacobins et celui des Incroyables, des aristocrates, qui se déguisent en républicains, et des républicains qui se déguisent en aristocrates, des gens qui se font bonne mine, et qui, s'ils s'étaient rencontrés quelques mois auparavant, se seraient fait guillotiner ou fusiller les uns les autres, des hommes partis des points les plus extrêmes et se réunissant comme par miracle, des talons rouges et des bonnets rouges, des proscrits et des proscripteurs, des nobles revenus de Coblentz, et des démagogues revenus du club des Cordeliers, des riches changés en pauvres, des pauvres changés en riches, des émigrés qui font les citoyens, des parvenus qui jouent au grand seigneur, des femmes de la cour de Versailles qui sollicitent des régicides, des poissardes et des cuisinières qui veulent prendre des manières de grandes dames. N'est-ce point là comme une mascarade, un grand bal costumé ? Voyez dans le tourbillon les anciens nobles qui, voulant s'amuser quand même, ayant d'ailleurs besoin de cette société de parvenus, s'y faufilent, non pas seulement pour s'y distraire, mais pour y gagner quelque chose. Ce sont des émigrés rentrés en France, les uns avec de faux passeports, les autres sous prétexte de venir demander leur radiation. Voyez ces ci-devant femmes titrées qui vendent cher un sourire aux Turcarets du jour et souvent les récompensent de leurs services par une insolence merveilleuse ou par une spirituelle raillerie. Regardez à côté d'elles ces agioteurs, ces enrichis, qui essaient de faire passer pour de savantes combinaisons de finance leurs spéculations éhontées, et qui se donnent tant de soucis pour avoir l'air de n'être point étonnés de leur fortune.

Les jours de la rue Quincampoix sont revenus. C'est une parodie de la Régence, et Barras a les Incroyables, comme le régent avait les Roués. On voit à chaque instant ces complets bouleversements de fortune, qui font du pauvre d'hier le Crésus d'aujourd'hui, ou réciproquement. Spéculations sur le papier-monnaie, sur les vivres, sur les biens nationaux, sur les fournitures de l'armée;

c'est une vraie fièvre d'agiotage, une grande loterie où le hasard favorise souvent les plus incapables.

Des propriétaires d'immeubles chargés d'impositions et ne rapportant rien, se voient contraints de les vendre, et, comme les paiements se font en papier, quiconque a un peu de numéraire, n'a qu'à le convertir en papier, pour acquérir au plus bas prix des maisons magnifiques, soit à la ville soit à la campagne. Arnault cite un capitaliste qui, avec mille louis d'or qu'il avait enfouis pendant la prohibition du numéraire, se procura en assignats les millions exigés pour l'achat d'une propriété dont il devait refuser plus tard une somme de quinze cent mille francs en argent. Tel imbécile devient millionnaire malgré lui, pour avoir soumissionné au hasard un groupe de maisons, dont il est resté adjudicataire, faute d'avoir trouvé à qui les revendre.

Parfois un même hôtel change de propriétaires chaque semaine. Des personnages grossiers s'installent dans les plus magnifiques résidences des ci-devant grands seigneurs, et certains enrichis, se donnant des airs d'importance, contrefont les manières des élégants de l'ancienne cour, et singent les Talleyrand, les Narbonne, les Vaudreuil. On se moque d'eux, mais on mange leurs dîners, et l'on se presse dans les hôtels, dont ils font les honneurs avec une ridicule inexpérience. Des terroristes parfument leurs mains couvertes de sang. Ils se couchent dans des lits somptueux,

ornés de camées qui représentent Vénus et les
Grâces, et, comme le dit Mme de Genlis, on voit
suspendues sur leur tête, non l'épée de Damo-
clès, mais une flèche légère et des couronnes de
roses.

Les salons les plus remarquables sont ceux de
Barras, qui est entouré d'une sorte de cour ; de
Mme de Staël, qui réunit avec les personnages de
la société officielle et de la diplomatie les débris
de l'ancien régime et les libéraux doctrinaires ; de
Mme Tallien, dont l'influence politique a beaucoup
diminué, mais dont le prestige mondain s'accroît;
de Mme Récamier, dont la beauté fait de plus en
plus sensation ; de Mme de Beauharnais, qui vient
de s'installer rue Chantereine (la future rue de
la Victoire), dans l'ancien hôtel de Talma, où elle
réunit autour d'elle les personnes les plus comme
il faut. Les anciens terroristes entrent pour la
première fois dans le grand monde. Mme de Staël
dans ses *Considérations sur la Révolution française*,
nous montre les *salons dorés*, où la bonne compagnie se donne rendez-vous, et où les jours de
décade, — car les dimanches n'existent plus —
tous les éléments de l'ancien et du nouveau régime
se rencontrent réunis, mais non réconciliés.
L'amour-propre des Jacobins est plus ombrageux
encore sur tout ce qui tient au bon ton, qu'ils
veulent imiter, que sur tout autre sujet. Ce n'est
pas pour leur mérite personnel ni pour le plaisir
qu'ils prennent, qu'on les attire dans les centres

distingués. On ne les caresse, dit Thibaudeau, on ne les fête que pour en obtenir des services ou pour corrompre leurs opinions républicaines. En face, on les accable de toute espèce de séductions, et, par derrière, on les persifle. Beaucoup d'entre eux ne s'en aperçoivent même pas. Ils croient augmenter d'importance en fréquentant des gens d'ancien régime. On fait asseoir d'austères républicains à côté d'hommes qu'ils auraient naguères poursuivis comme des aristocrates ou des accapareurs. Les grandes dames apprivoisent, circonviennent tous ces Brutus, ces prétendus Spartiates, qui ne veulent plus de brouet noir, et les disposent à reconstituer une cour, c'est-à-dire à faire revivre les abus du passé, mais en ayant soin de se les appliquer à eux-mêmes. Ces belles dédaigneuses se moquent beaucoup des républicains, et pourtant, dit encore Thibaudeau, elles ne trouvent pas que les officiers révolutionnaires aient trop mauvaise façon, et plus d'une, pour leur plaire, ne craint pas de se faire citoyenne.

Mais les *salons dorés* sont encore rares ; ils ne suffiraient pas pour répondre à la rage de plaisir qui tourmente toutes les classes de la société. Comme, en général, on a peu d'argent, comme les personnes qui sont à leur aise craignent encore d'éveiller l'attention et d'exciter la jalousie ; en un mot, comme on reçoit très peu, on se cotise pour organiser des bals de souscription et d'abonnement. Ce genre de fêtes convient à une société où tous les rangs s'amalgament, où les mœurs galantes de la monarchie se mêlent au sans-gêne de la Révolution, où il existe un perpétuel contraste d'allégresse et de deuil, de festins et de famine, où l'épicière et la ci-devant marquise, dansant dans le même quadrille, se traitent mutuellement de citoyennes. Les plus beaux bals de souscription se donnent généralement rue Neuve-Saint-Augustin, dans l'hôtel Richelieu, encore plein des souvenirs du galant maréchal ; rue de Provence, dans l'hôtel Thélusson, espèce de temple antique, élevé sur des rochers garnis de fleurs et d'eaux jaillissantes, où l'on entre par un beau jardin et par une grande arcade. C'est là que les premiers *bals de victimes* ont eu lieu. Pour être admis à y danser, il est nécessaire de prouver qu'on est affecté d'une inconsolable douleur, qu'on a quelque victime à pleurer, et qu'on a été soi-même désigné pour victime, ce que les hommes s'étudient à rappeler par des cheveux nattés et relevés en chignons, les femmes par leur affectation à n'orner d'aucune parure leur tête dont les cheveux sont coupés. Cela s'appelle être coiffé à la Titus ou à la victime. Toutes les têtes de femmes sont tondues. Mais à cette mode succèdera bientôt une mode toute différente, celle de porter de longs cheveux qu'on laissera négligemment flotter. Grand bénéfice pour les coiffeurs, qui revendront aux dames les chevelures dont leurs ciseaux les avaient dépouillées. Alors, on inventera la perruque cache-folie, où il n'entrera que des cheveux blonds. Pendant quelque temps il sera impossible de rencontrer une femme brune.

Qu'ils sont brillants et animés ces bals par abonnement de l'hôtel Thélusson, dont la femme qui sera plus tard la duchesse d'Abrantès nous fera la description dans ses *Mémoires !* Quelle est cette séduisante beauté, qui joint à la vivacité de la Française le charme de l'Espagnole ? C'est Mme Tallien. Sa robe de mousseline des Indes est rattachée sur ses épaules par deux camées. Sa taille est serrée par une ceinture d'or. Un large bracelet fixe les manches fort au-dessus de ses coudes. Ses cheveux noirs sont courts, frisés au-dessus de la tête ; c'est la coiffure à la Titus. Sur ses épaules de marbre est un long châle de cachemire rouge ; elle le drape autour d'elle d'une manière toujours gracieuse et pittoresque. Quelle est cette beauté angélique, dont la suave figure rappelle les madones du divin Raphaël, et dont la robe toute blanche ressemble à un nuage qui enveloppe mystérieusement une apparition idéale ? C'est Mme Récamier. Quelle est cette jolie brune, dont le regard vif étincelle, et que l'on compare à Terpsichore ? C'est Mme Hamelin. Les danseurs à la mode accourent à sa rencontre : MM. de l'Aigle, de Montron, Albert Dorsay, les deux frères Charles et Juste de Noailles ; les Anisson, les trois Rastignac, Charles

Dupaty, M. Laffitte, et le Vestris des salons, le célèbre M. de Trénis, qui se glorifie d'avoir créé ce qu'il appelle la danse sociale. Quelle est cette langoureuse créole, dont le charme a quelque chose d'attendrissant, et qui a la grâce... la grâce plus belle encore que la beauté ? C'est la veuve du général de Beauharnais, l'aimable et gracieuse femme qui bientôt va se nommer madame Bonaparte. Le bal commence. Que de lumières ! quelles girandoles ! que de jolies toilettes ! Comme elles vont bien aux femmes dont les formes sont belles ces robes, ou, pour mieux dire, ces tuniques de mousseline ou de percale blanche, ornées de broderies en laine — la soie n'est plus alors de mode — et soutenues par une ceinture qui s'attache sous la gorge ! Le fameux M. de Trénis fait danser une beauté célèbre. On monte sur les banquettes pour le mieux voir. La foule enthousiaste pousse des cris de joie et d'admiration.

Les frondeurs, les vieillards moroses trouvent cette société immorale, ridicule. Ces fêtes, qui suivent de si près les supplices, leur paraissent scandaleuses. A leurs yeux, les bals de victimes sont des profanations. Ces Incroyables, qui se coupent les cheveux très ras pour bien montrer la place du cou, sur laquelle tombait le couperet de la guillotine; ces petits maîtres, qui regrettent au son des violons ou des flûtes leurs parents immolés par la hache du bourreau; ces gens frivoles, qui plaisantent sur la mort et qui dansent sur des tombes, leur semblent des êtres insensés. Mais arrière les fâcheux! La jeunesse veut vivre, veut réparer le temps perdu, veut chanter, veut rire, veut danser. Il lui faut des fêtes et du bruit, du plaisir et de l'amour. La voilà qui s'écrie : Amusons-nous, amusons-nous! Qu'on se cotise pour payer les orchestres, pour allumer les lustres. Le faubourg Saint-Germain est désert. Qu'importe ? La Chaussée-d'Antin, les boulevards sont pleins d'animation. Pourquoi regarder en arrière? Ne regrettons point le passé. Les colossales coiffures, les paniers majestueux des dames de l'ancienne cour, valaient-ils les costumes grecs de nos déesses ? Y a-t-il dans les portraits de Rigaud ou de Largillière un type qui puisse être comparé à notre Vénus du Capitole, à notre Mme Tallien, avec son diadème d'or, ses camées, sa tunique, ses sandales fixées par des ligatures rouges ? A travers les losanges des sandales se dessinent les jambes enserrées par un tricot couleur de chair, et les doigts de pieds ornés de bagues! Y avait-il à Versailles, dans la galerie des Glaces, des bals aussi gais, aussi entraînants que nos bals par souscription ? Y avait-il autrefois des comiques comme Brunet et des tragédiens comme Talma ? La foule ne remplit-elle pas nos théâtres ? N'avons-nous pas nos illuminations, et ne tirons-nous pas tous les soirs des feux d'artifice ?

13.

Sans doute, la société du Directoire, cette société qui n'était ni païenne ni chrétienne, pouvait se qualifier d'un seul mot : le désordre. Désordre dans les idées, dans les coutumes et dans les modes. Le monde ancien n'existait plus. Le monde nouveau n'existait pas encore. Comme les époques de transition, le temps du Directoire fut un temps confus, un mélange des choses les plus diverses. Mais si cette société, trop décriée, eut de grands défauts, elle eut aussi de grandes qualités. Ne l'oublions pas : elle avait de l'audace, de l'entrain, du courage, de la foi dans les destinées de la patrie. Elle ne connut ni ces accès de stérile tristesse, ni ces heures de découragement morose qui énervent les peuples comme les individus. Est-ce notre génération qui a le droit de reprocher à cette époque sa légèreté ? Paris, le lendemain de la Commune, eut-il donc des idées bien sérieuses ? Le verbiage de nos salons vaut-il mieux que celui des salons d'alors ? Y a-t-il, dans l'esprit et le cœur de nos élégantes, de nos femmes à la mode, un idéal de beaucoup supérieur à celui des beautés qui faisaient l'ornement des fêtes de Barras ? Les divisions politiques sont-elles moins nombreuses ? Les Turcarets sont-ils plus simples, les agioteurs plus scrupuleux ?

On a été, croyons-nous, trop sévère pour la société du Directoire. On a trop regardé les scandales, trop perdu de vue les grandes choses accomplies. Une nation aussi victorieuse que le fut la France d'alors, n'était pas une nation avilie ou dégénérée. Au milieu de cette corruption tant blâmée circulait un souffle vivifiant, le souffle de la gloire. Il y avait assurément des misères intérieures. Mais au dehors on était si fier! Les troupes républicaines montraient tant d'héroïsme! La jeune génération était si enthousiaste! Elle apercevait devant elle une carrière si vaste, si magnifique! La gaieté de la jeunesse du temps du Directoire était une gaieté de bon aloi : c'était la gaieté de l'espérance.

IX

BONAPARTE AMOUREUX

Au lendemain du 13 vendémiaire, on procéda au désarmement des sections, et tous les habitants de Paris furent obligés de remettre à l'autorité les armes qu'ils avaient chez eux. Alors, un enfant de quatorze ans se rendit rue Neuve-des-Capucines, à l'hôtel du commandant en chef de l'armée de l'intérieur, et se présenta devant Bonaparte, pour lui redemander une épée. L'enfant était Eugène de Beauharnais; l'épée était celle de son père, le vaillant général qui, après avoir commandé l'armée du Rhin, avait été récompensé de son héroïsme par l'échafaud. Bonaparte fut touché en voyant pour la première fois celui qui, un jour, devait être le vice-roi d'Italie. Il se fit apporter l'épée, et la remit à l'enfant, qui la couvrit de baisers et de larmes. Bonaparte lui adressa des paroles bienveillantes, et le félicita de sa piété filiale avec tant de bonté que, dès le lendemain, la mère de cet enfant se rendit rue Neuve-des-Capucines, pour faire au général une visite de remercîments et de gratitude. L'enfant avait ému le vainqueur de vendémiaire. La mère lui inspira sur-le-champ une ardente et profonde passion. Cette grande dame aux manières exquises, cette belle créole au regard enchanteur, à la voix pénétrante, le fit tressaillir. Il se dit à lui-même : je l'épouserai. Ainsi que l'a remarqué Chateaubriand, « une imagination prodigieuse animait ce politique si froid. Il n'eût pas été ce qu'il était, si la Muse n'eût été là. La raison accomplissait les idées du poète. Tous les hommes à grande vie sont toujours un composé de deux natures, car il les faut capables d'inspiration et d'action. L'une enfante le projet, l'autre l'accomplit. » Cet homme de fer avait des moments de douceur et de tendresse. L'amour et l'ambition pouvaient vivre en même temps dans cette âme vaste et forte.

Bonaparte aima Joséphine par entraînement et par calcul : par entraînement, parce qu'elle lui plaisait plus que toutes les autres femmes ; par calcul, parce qu'il avait le pressentiment qu'elle lui serait très utile dans l'œuvre de conciliation et de fusion qui était, déjà à cette époque, le programme de sa politique intérieure. Malgré tout ce qu'on a dit sur ses aspirations démocratiques et populaires, il eut toute sa vie une sorte de faiblesse pour la société du faubourg Saint-Germain, et l'entourage qu'il se choisit dès qu'il fut le maître en est la preuve irrécusable. Cet ami de Robespierre le jeune, ce sauveur de la Convention, ce soutien des cinq directeurs régicides n'oubliait pas ses parchemins de gentilhomme, bien que plus tard il dût dire que sa noblesse ne remontait qu'à Marengo. Il fut fier d'être reçu par Mme la vicomtesse de Beauharnais, qui venait de s'installer rue Chantereine (la future rue de la Victoire), dans l'ancien hôtel de Talma, et y réunissait des personnages de l'ancienne cour. Au nombre de ses amis les plus assidus figuraient les Nivernais, les Montesquiou et cet aimable comte de Ségur, qui, après avoir été l'ambassadeur de Louis XVI à la cour de la grande Catherine, devait être, à la cour de Napoléon, grand maître des cérémonies. Quelques femmes de haute naissance se mêlaient à ce petit cercle, où le soir on se disait, quand les portes étaient bien closes : « Causons du passé, faisons un tour à Versailles. » Les fleurs du souvenir naissaient sur les tombes, et la trace des souffrances endurées pendant la Terreur ajoutait quelque chose au charme des beautés, qui, après avoir échappé par miracle au supplice, souriaient dans les larmes, comme l'Andromaque d'Homère. Bonaparte se trouvait heureux et flatté de faire bonne figure dans ce milieu nouveau pour lui ; l'amour et l'amour-propre se réunissaient pour lui faire chérir ce petit hôtel de la rue Chantereine, qui, grâce à lui, devait prochainement attirer l'attention de toute l'Europe. Il ne négligea rien pour obtenir le suffrage des hommes de grande famille qu'il y rencontrait tous les soirs. Afin d'atteindre ce but, il déploya tout ce qu'il avait de séduction dans l'esprit et de finesse dans le caractère. A ce moment, il croyait encore qu'il avait à se faire pardonner Vendémiaire par les honnêtes gens. Il ne connaissait pas encore assez bien la nature humaine pour avoir acquis la certitude qu'il y a des nations qui aiment, comme certaines femmes, à être battues. Au fond, il méprisait la Convention et les conventionnels, et, tout en reconnaissant que son accord avec eux était la source de sa fortune, il aspirait au temps où il n'aurait plus besoin de leur bon vouloir. Son mariage avec une vicomtesse, avec la veuve d'un général, victime illustre de la Terreur, serait, croyait-il, sa réconciliation avec les grands seigneurs dont il devait faire, quelques années plus tard, ses chambellans, ses écuyers, ses préfets du palais. Pour bien comprendre Napoléon, il faut toujours le regarder sous sa double face, d'un côté démocrate, de l'autre aristocrate, changeant de physionomie suivant les circonstances. Son rôle, dans la journée de Vendémiaire, a été de la démocratie; son mariage avec Joséphine sera de l'aristocratie. Napoléon, ne l'oublions pas, est l'homme de deux sociétés, de deux siècles.

Les préjugés de Joséphine lui font peut-être

trouver que son amoureux n'est pas d'une assez bonne maison. Elle a beau être l'amie de Barras, de Tallien et d'autres conventionnels, elle reste, au fond de l'âme, royaliste et femme d'ancien régime. Mais Napoléon ne peut-il pas parler de ses ancêtres qui, dès le onzième siècle, ont constamment rempli les premières magistratures à Florence, à Parme, à Padoue, à Trévise, à Sarzanne et en Corse, par une succession non interrompue jusqu'à son père Charles Bonaparte, qui a été envoyé en mission à la cour de Louis XVI par la noblesse de son pays? N'a-t-il pas été lui-même élève des écoles royales de Brienne et de Paris? N'a-t-il pas servi près de sept ans dans l'armée du roi Très Chrétien? Une de ses sœurs n'a-t-elle pas été demoiselle de Saint-Cyr? Même dans sa période républicaine, il était, sinon à la surface, du moins au fond, aristocrate, autoritaire et catholique. Nous inclinons à croire que c'est sous cet aspect qu'il devait se présenter aux amis de Joséphine. Il reprendra plus tard le langage révolutionnaire à l'armée d'Italie, où l'on ne parlera que de foudroyer les tyrans. Mais dans l'hôtel de la rue Chantereine, avec les hommes de l'ancienne cour. il n'a ni les idées ni les manières d'un jacobin. Il se montre comme un homme conciliant, plein de foi dans l'avenir, mais plein de respect pour le passé. Il a les sentiments que, trois années auparavant, il exprimait avec tant d'énergie en présence des attentats du 20 juin et

du 10 août contre la majesté royale. L'heure n'est
pas éloignée où l'éloge du jeune général sera dans
la bouche des émigrés, aussi bien que dans celle
de Tallien et de Barras. Rien ne plaisait plus à
Bonaparte que ce succès auprès des gens d'ancien
régime. Marmont, qui le connaissait bien, a écrit :
« Je serais tenté de croire qu'il imagina faire, par
son mariage, un plus grand pas dans l'ordre
social que lorsque, seize ans plus tard, il partagea
son lit avec la fille des Césars. »

.Toute l'ardeur était de son côté. Joséphine
hésitait beaucoup.

Plusieurs de ses amies appelaient dédai-
gneusement Bonaparte le général Vendémiaire.
Ses sympathies à elle avaient été sans doute non
pour les vainqueurs, mais pour les vaincus ; le
jeune général qui lui faisait la cour ne ressemblait
en rien aux élégants qui étaient alors à la mode;
si les observateurs perspicaces remarquaient sa
figure expressive et son œil de feu, les gens frivoles ne s'enthousiasmaient pas encore de cet
homme chétif, malingre, plus Italien que Français, qui, depuis plusieurs années, faisait sa
société de soldats ou de conventionnels, et qui
n'avait ni les manières, ni le tour d'esprit de l'ancienne cour.

Le « Corse aux cheveux plats » n'était pas
encore légendaire. Hoche, qui avait le même
âge, était plus beau et plus célèbre. En réalité,
la réputation de Bonaparte ne datait que de

quelques semaines. Sa conduite au siège de Toulon, tant célébrée depuis, avait peu fixé l'attention ; son seul exploit fameux était l'écrasement des royalistes sur les marches de l'église Saint-Roch. Et, cependant, il sut fasciner Joséphine. Toutefois, le sentiment qu'il lui inspira, au premier abord, fut plutôt de la surprise que de l'amour. Elle l'admirait comme malgré elle. Il ne l'attendrissait pas, il la subjuguait. Ce qui est certain, c'est qu'elle eut un vague pressentiment de la destinée prodigieuse qu'il lui réservait. Un jour, Napoléon dira sur le rocher de Sainte-Hélène : « On sait que Joséphine croyait aux pressentiments, aux sorciers ; on lui avait prédit dans son enfance qu'elle ferait une grande fortune, qu'elle serait souveraine. On connaît d'ailleurs toute sa finesse : aussi me répétait-elle souvent depuis qu'aux premiers récits d'Eugène le cœur lui avait battu ; et qu'elle avait entrevu dès cet instant une lueur de sa destinée, l'accomplissement des prédictions. Une autre nuance caractéristique de Joséphine était sa constante dénégation. Dans quelque moment que ce fût, quelque question que je lui fisse, son premier mouvement était la négative, sa première parole : non. » En effet, Joséphine répondait d'abord non à l'amour de Bonaparte ; mais cet amour fut si vif, si brûlant, qu'il se communiqua. Quelques rayons de la flamme qui brûlait dans le cœur ardent du jeune général pénétrèrent l'âme douce et sympathique de la créole. Elle comprit que ce Corse, avec ses manières un peu brusques et son ton saccadé, était mille fois supérieur aux élégants, aux petits maîtres, aux muscadins qui brillaient dans les salons d'alors. Le regard de l'aigle séduisit la colombe. Mais entre deux époux ou entre deux amants, il y en a toujours un qui aime plus que l'autre. Il est certain que lorsque Bonaparte et Joséphine se marièrent, celui des deux qui aimait le plus, c'était Bonaparte. Pour s'en convaincre, il n'y a qu'à lire les lettres qu'il adressa d'Italie à sa femme pendant leur lune de miel. Plus tard, les choses changeront. Joséphine, enthousiasmée, comme l'univers entier, par la gloire de son époux, finira par en être idolâtre, mais à mesure que son amour pour lui augmentera, l'amour de Napoléon pour elle décroîtra.

En 1796, Bonaparte était bien réellement, bien passionnément amoureux. Quand, en faisant briller à ses yeux le mirage de la conquête de l'Italie, il répondait : « Une conquête, il ne m'en faut qu'une : c'est celle du cœur de Joséphine. » pendant quelques instants, il paraissait oublier tout, même l'ambition, même la gloire. Mais le naturel revenait vite. Pour faciliter le mariage et pour décider Joséphine, qui hésitait encore et à qui il s'intéressait, Barras promit que Bonaparte aurait le commandement en chef de l'armée d'Italie, et c'est ce qui a fait dire que ce commandement était la dot de Joséphine. Les femmes dont elle prenait conseil finirent par lui persuader que Bonaparte était un homme exceptionnel, qu'il ferait en Italie des prodiges; que ses traits romains, son regard de flamme, son langage extraordinaire, décelaient un héros. Deux des meilleurs amis de la charmante veuve, le comte de Ségur et Lemercier, l'auteur tragique, lui parlèrent dans le même sens. Un seul homme l'engageait à ne pas se laisser séduire, c'était son notaire, M. Raguideau.

M. Raguideau, homme pratique, se disait que, depuis les restitutions qu'elle avait obtenues, sa cliente possédait vingt-cinq mille livres de rente, fortune considérable pour l'époque, tandis que Bonaparte n'avait rien. Son frère aîné, Joseph, s'était richement marié; mais ses trois autres frères, Lucien, Louis et Jérôme; sa mère, Mme Lætitia; ses trois sœurs, Elisa, Pauline et Caroline, étaient pauvres. Etait-il raisonnable, pour Mme la vicomtesse de Beauharnais, d'entrer dans cette famille? M. Clary, dont Napoléon avait demandé la fille, Mlle Désirée, s'était gardé d'agréer cette demande, et avait dit que c'était bien assez d'avoir marié son autre fille à un Bonaparte, à Joseph. M. Raguideau, conversant avec Joséphine, lui exposait une foule d'arguments pour la dissuader de l'union projetée. Bonaparte était sans fortune; il était plus jeune qu'elle; il pourrait être tué à l'armée, et la laisser au dépourvu avec des enfants. Elle était déjà. veuve

d'un militaire; pourquoi en épouser un autre?
Ne lui était-il pas facile, si elle voulait se remarier,
de trouver un parti plus avantageux? « Car enfin,
s'écria le notaire, le général Bonaparte n'avait
que la cape et l'épée. »

Un jeune homme qui se tenait dans une em-
brasure de fenêtre, et auquel M. Raguideau
n'avait fait aucune attention, se montra tout à
coup, à la grande surprise du notaire. C'était
Bonaparte lui-même : « Général, lui dit Mme de
Beauharnais, avez-vous entendu ce que vient de
dire M. Raguideau ?—Oui, répondit le prétendu ;
il a parlé comme un honnête homme, et ce qu'il
vous a dit me donne de l'estime pour lui. J'espère
qu'il continuera à se charger de nos affaires, car
il m'a disposé à lui accorder ma confiance. » Il y
a eu, plus tard, une légende ajoutée à cette anec-
dote authentique. On a dit que Napoléon, le
jour de son sacre, voulut revoir le notaire, et que,
portant sur ses épaules le manteau impérial, à son
côté l'épée sur la garde de laquelle s'incrustait le
plus beau des diamants de la couronne, il s'écria :
« Raguideau, voici la cape, voilà l'épée. » D'après
le baron de Meneval, ce dernier détail n'est pas
exact, mais ce qui est certain, c'est que Napoléon
n'eut aucune rancune contre Raguideau, et que,
devenu empereur, il le nomma notaire de la liste
civile.

X

LE MARIAGE DE BONAPARTE ET DE JOSÉPHINE

Le mariage de Bonaparte et de Joséphine eut
lieu à la mairie du 2ᵉ arrondissement le 9
mars 1796 (19 ventôse an IV). Le général de
Ségur a écrit dans ses Mémoires : « Il paraît que
la sanction d'un officier de l'état civil suffit à la
conscience des deux époux... Quant à l'autorité
religieuse, négligée alors, oubliée depuis, elle ne
bénit enfin leur union que trois jours avant le
sacre et sur la demande expresse du saint-père. »
Il est dit, au contraire, dans le *Mémorial de Sainte-
Hélène*, que « Mᵐᵉ de Beauharnais fut mariée au
général Bonaparte par un prêtre insermenté, mais
qui avait négligé, par un accident, l'autorisation
obligée du curé de la paroisse. »

On lit aussi dans le *Mémorial : « *Un jour, la
conversation étant tombée sur l'âge des femmes
et leur répugnance à le laisser connaître, l'empereur cita une grande dame qui, en se mariant,

avait trompé son mari de cinq ou six ans au moins, en imaginant de produire l'extrait baptistaire d'une sœur cadette, morte depuis longtemps. La pauvre Joséphine s'exposait pourtant par là à de graves inconvénients, disait l'empereur; ce pouvait être réellement un cas de nullité de mariage. » Lorsque Napoléon parlait ainsi à Sainte-Hélène, sa mémoire n'était pas absolument fidèle. Mais ce qui est certain, c'est qu'il y eut dans l'acte de mariage des inexactitudes. Bonaparte y était représenté comme né le 5 février 1768, et Marie-Joseph-Rose de Tascher (c'est ainsi que Joséphine y était désignée), comme née le 23 juin 1767. Les deux dates étaient fausses, Joséphine étant venue au monde le 23 juin 1763, et Bonaparte le 15 août 1769. En réalité, la mariée avait près de trente-trois ans, et le marié en avait vingt-six et demi. C'est donc en le vieillissant de dix-huit mois, et en ôtant quatre ans à sa femme qu'on était arrivé à leur assigner à tous deux un âge presque uniforme. Mais, remarquons-le, ce n'était que de quatre ans que Joséphine avait été rajeunie, et non point de six, comme Napoléon le disait à Sainte-Hélène. Il se trompait également, quand il ajoutait que Joséphine avait produit, comme s'il eût été le sien, l'acte de baptême de sa sœur cadette. La date du 23 juin 1767, indiquée dans l'acte de mariage, comme celle de la naissance de Joséphine, n'est, en effet, celle de la naissance d'aucune de ses sœurs. On n'avait pas eu le temps d'envoyer chercher à la Martinique des actes de l'état civil, et l'on donna aux deux époux l'âge qu'ils se donnèrent à eux-mêmes.

Il y eut une autre irrégularité. L'un des témoins de Bonaparte, le jeune capitaine Lemarrois, né en 1776, était encore mineur, ce qui, légalement, ne lui permettait pas d'intervenir dans un acte de mariage. Bonaparte l'avait choisi parce que c'était lui qui, comme aide de camp de service, avait introduit à l'hôtel de la rue Neuve-des-Capucines le jeune Eugène de Beauharnais, et que la visite du fils de Joséphine avait été l'occasion des rapports qui s'étaient établis entre les deux époux.

Les trois autres témoins étaient, pour Bonaparte : le directeur Barras; pour Joséphine, Tallien et un monsieur Calmelet, qualifié d'homme de loi, ami particulier et conseil de la famille Beauharnais. Le marié figurait dans l'acte, avec son prénom écrit à l'italienne : *Napolione* Bonaparte.

Plus tard, lorsque Tallien n'obtiendra d'autre honneur qu'un titre de consul à Alicante, et lorsque Barras, oublié, vivra dans sa retraite de Bruxelles, ces deux hommes se diront, non sans une certaine mélancolie, que peut-être ils ont été les vrais auteurs de la fortune de Napoléon, et qu'en tout cas ils ont été tous deux témoins à son mariage. En contemplant le grand empereur, le Charlemagne des temps modernes, ils se rappelleront peut-être le vers de La Fontaine :

On a souvent besoin d'un plus petit que soi.

Il est incontestable qu'en 1795 et en 1796 Tallien et Barras avaient une réelle influence, qu'ils contribuèrent tous deux au mariage du jeune général, et que le *veto* de l'un ou de l'autre — surtout celui de Barras — l'aurait certainement empêché d'obtenir, d'abord le commandement de l'armée de l'intérieur, ensuite celui de l'armée d'Italie, causes de ses prodigieux succès. A quoi tiennent les destinées des plus grands hommes, et à quels fils légers, souvent imperceptibles, sont suspendues les choses les plus importantes de ce monde! Un mot de Barras, et la carrière du héros le plus célèbre des temps modernes était peut-être entravée pour toujours. Arrivé au faîte de la puissance, Napoléon n'aimait que médiocrement à se rappeler les hommes dont il avait été l'obligé à ses débuts. Il ne lui plaisait pas d'être forcé de se dire qu'il devait quelque chose à quelqu'un. Il aurait aimé que son génie n'eût jamais dépendu des circonstances et celui-là n'aurait pas été bien vu à la cour des Tuileries, qui serait venu lui dire : « Sans Barras, vous ne seriez pas là où vous êtes. » Entouré des plus grands seigneurs de l'ancien régime, il ne se rappelait pas volontiers qu'il avait autrefois sauvé la Convention, qu'il avait été le protégé des régicides, et qu'il avait avec son artillerie foudroyé, dans la journée de Vendémiaire, les monarchistes postés sur les marches de l'église Saint-Roch.

Cela explique toutefois les faveurs qu'il accorda, pendant son règne, à certains terroristes. Avant d'être empereur, il fut républicain. Mais revenons au jour de son mariage.

Le soir, il s'installa chez sa femme, rue Chantereine. L'hôtel qu'elle y occupait n'existe plus. Il a été détruit en 1860, pour être remplacé par de nouvelles maisons. Situé à l'extrémité d'une longue avenue assez étroite, cet hôtel avait été bâti par l'architecte Ledoux, pour le marquis de Condorcet, et, en 1791, il était habité par Julie Carreau, lorsqu'elle épousa Talma. M. Aubenas en a fait une description complète. Ce petit hôtel, devenu historique, où devait se préparer le dix-huit Brumaire, avait une cour sur les côtés de laquelle se trouvaient des bâtiments distincts pour les cuisines et les communs. Construit sur quatre faces, avec pans coupés aux quatre angles, il était composé d'un rez-de-chaussée et d'un étage surmonté de mansardes. Quelques marches placées entre deux lions de pierre conduisaient à un perron en demi-cercle, qui était d'abord découvert, mais que Joséphine fit fermer en forme de tente pour le changer en vestibule. Une porte vitrée donnait du jour à cette première pièce, ornée au dehors de trophées sculptés sur bois et peinte à l'intérieur en simulacre de toile de coutil. Ce vestibule menait à la salle à manger, de forme ovale, à côté de laquelle il y avait un petit cabinet, pavé en mosaïque, qui était le boudoir de Joséphine.

De la salle à manger on passait au salon, où se trouvait à droite, une belle cheminée placée près d'une croisée qui descendait jusqu'au parquet, et une porte vitrée qui donnait sur un escalier extérieur, par lequel on allait dans le jardin. A côté du salon, était une pièce moins grande dont Bonaparte fit son cabinet de travail. On montait à l'étage supérieur par un escalier tournant. très étroit, où deux personnes ne pouvaient point passer de front. Cet escalier conduisait à un salon qui précédait la Chambre de Bonaparte et celle de Joséphine. Sur les panneaux de la première étaient peints des vases étrusques, des lyres antiques et un aigle portant la foudre, curieux et significatif présage. La seconde, de forme ovale, comme la salle à manger, au-dessus de laquelle elle se trouvait, était tout ornée de glaces allant du parquet au plafond et encadrées dans une série de petites colonnes surmontées d'arceaux. Dans cette chambre gracieuse et coquette, qui ressemblait à un vaste miroir circulaire, l'élégante Joséphine pouvait se voir sous tous les aspects. L'intérieur de l'alcôve était décoré de peintures représentant des oiseaux et des fleurs des tropiques.

Bonaparte, en entrant dans cette chambre, est au comble de l'exaltation et de la joie. Mais son amour, si vif et si ardent, n'est pas un de ces sentiments exclusifs qui font tout oublier, tout, excepté l'objet aimé, et qui jettent l'âme dans une contemplation unique, dans une inactive rêverie. Sa tendresse, toute profonde qu'elle est, ne le détournera pas de l'action. Le guerrier ne sera pas troublé un seul instant par l'amoureux. Les génies tels que Bonaparte ne se reposent jamais, pas même dans le bonheur. Il n'y a point de halte sur la route de ces hommes qu'une force irrésistible et mystérieuse pousse en avant, et qui, alors même qu'ils paraissent être les maîtres du monde, sont les esclaves de leur propre destinée.

Bonaparte n'est marié que depuis deux jours. A peine a-t-il trempé ses lèvres dans la coupe des premières ivresses qu'il s'arrache aux bras de sa bien-aimée. Il part à ce moment où le désir satisfait, sans être assouvi, plonge l'âme dans une joie, qui est de la surprise, et qui est de l'extase. Il part, lorsque la vue de sa femme chérie est pour ses yeux un éblouissement, lorsque le son de cette voix pénétrante, harmonieuse entre toutes, est pour son oreille une incantation. Une seule chose le console de partir, c'est qu'un pressentiment qui ne trompe pas lui promet qu'il va faire des prodiges, qu'il reviendra victorieux, acclamé, et qu'il éblouira sa compagne par les rayons d'une gloire qui rejaillira sur elle. Il n'y a pas d'ambition plus noble pour un cœur fier que d'arracher à la femme qu'on aime un cri d'admiration. Etre admiré et être aimé, quel rêve! Ce sentiment, qui fit faire tant de miracles aux paladins de la chevalerie, électrise l'âme du futur vainqueur d'Arcole, ce poète en action. Il part, plein de confiance dans son étoile, avec cette vigueur, cet entrain qui caractérisent les grands hommes aux belles heures de leur destinée. Il part, et dans l'insomnie des bivouacs, il reverra sans cesse par l'imagination ce paradis terrestre qu'il laisse derrière lui, ce petit hôtel où il a eu de si grandes joies, et que, dans ses lettres, il appellera non sans raison un temple, car c'est en effet le sanctuaire de son amour. Du haut des cimes des Alpes, il apercevra radieuses, éblouissantes, les plaines de l'Italie dorées par le soleil, mais ce panorama superbe ne lui fera pas oublier l'hôtel de la rue Chantereine. Le jour, la nuit, au moment où il donnera ses ordres, où il dressera ses plans de bataille, où il conduira ses troupes au feu, il pensera à sa chère Joséphine, et l'image chérie lui apparaîtra même au milieu des fumées de la poudre, des éclairs du canon. Cette pensée idéale donnera à ses victoires quelque chose d'ardent, de passionné, de lyrique. L'amour, qui énerve et qui abaisse les natures médiocres, a le don d'exalter, de vivifier, d'agrandir les natures supérieures. Un héros amoureux a quelque chose de plus qu'humain. « Les feux de l'aurore, a dit Vauvenargues, ne sont pas aussi doux que les premiers regards de la gloire. »

Qu'est-ce à dire, quand ces premiers regards de la gloire sont illuminés par l'amour? qu'est-ce à dire quand l'amoureux s'appelle Napoléon? La femme dont le front sera bientôt orné du diadème peut déjà se souvenir qu'une négresse de la Martinique lui a prédit la couronne des reines. Les adieux des nouveaux époux ne sont point déchirants, parce que le futur vainqueur d'Italie, comme le jeune Alexandre traversant l'Hellespont pour aller conquérir l'Asie, emporte avec lui l'espérance!

FIN

TABLE DES MATIÈRES

SECONDE PARTIE

SAINT-QUENTIN. — IMPRIMERIE J. MOUREAU ET FILS,